Klein, hilflos, hässlich und dumm

Erlebnisse sind kein Zufall

Yashi Kunz

Klein, hilflos, hässlich und dumm

Erlebnisse sind kein Zufall

Zentrum für Digitales Bewusstsein

Bibliografische Information der Deutschen Bibliothek
Die Deutsche Bibliothek verzeichnet diese Publikation
in der Deutschen Nationalbiografie; detaillierte bibliografische Daten
sind im Internet über http://dnb.ddb.de abrufbar.

Beiliegende Audio-CD: Grundmeditation von Yashi Kunz
Track 1: Einführung in die Meditation [2:20 min]
Track 2: Übungsmeditation [23:22 min]

Die CD kann bei Verlust oder Beschädigung beim Verlag
nachbestellt werden. (Bestellnummer CD 01)

ISBN 10: 3-939895-00-8
ISBN 13: 978-3-939895-00-8

Postfach 31 15 23, 10645 Berlin
Erste Auflage 2006
Layout, Satz, Illustrationen: Rainer Födisch, Berlin
Druck: Hermann Schlesener KG, Berlin
Printed in Germany

Für meine Großmutter

Inhalt

Vorwort

Lohnt es sich, einfach nur dahinzuleben, ohne Fragen zu stellen, ohne innezuhalten, um nachzusinnen? Fragen sind der notwendige Anfang, wenn es darum geht, sich selbst und seinen Weg, die Erfahrungen und Begegnungen, das „große Ganze", in das wir eingebettet sind, besser zu verstehen.

In diesem Buch beschreibe ich meinen ganz persönlichen Weg: einen Weg, der es mir ermöglichte, mich von schmerzhaften Erfahrungen meiner Kindheit zu lösen und innerlich Frieden, Freiheit und Glück zu finden. Es ist ein Weg, der mich dahin führte, das, was ich für mich selbst als heilsam erkannte, durch meine Arbeit auch anderen zu vermitteln.

Bewusst habe ich weder Personen noch Orte und Namen meiner näheren Umgebung erwähnt und mich auf die Schilderung einiger weniger, wesentlicher Wendepunkte in meinem Leben beschränkt.

Die Antworten, die ich auf meinem Lebensweg gefunden habe, erheben keinen Anspruch auf Wissenschaftlichkeit. Sie sind vielmehr eine Anregung, um Ihren eigenen Weg, Ihre Suche nach Wahrheit zu beginnen oder fortzusetzen. Um Sie dabei zu unterstützen, habe ich diesem Buch eine Übungs-CD beigelegt.

Viele Wahrnehmungen begleiten den Prozess des Sich-Entwikkelns. Am Anfang weiß man nicht wirklich, welche Wege man gehen soll, welche Methoden zu welcher Zeit die richtigen sind. Ich bin im Laufe meiner persönlichen Entwicklung vielen unterschiedlichen Methoden begegnet; heute ist die Vielfalt von Angeboten und Übungstechniken nahezu unüberschaubar geworden. Das Vertrauen auf meine innere Stimme half mir, das für mich Richtige zu finden. Immer ließ ich mich dabei von der Vorstellung leiten, dass Entwicklung bedeutet, etwas zu lösen, abzuwickeln, zu entwirren, Ordnung in mir zu schaffen und Unordnung zu klären.

Ich wünsche Ihnen, dass dieses Buch Sie ermutigt, den für Sie richtigen Weg zu finden und zu beginnen, oder Sie darin bestärkt, weiter voranzukommen.

Yashi Kunz
September 2006

1

„Was soll nur aus mir werden?“

ERINNERUNGEN AN MEINE KINDHEIT AUF DEM LAND

Die Welt, in der ich als Kind lebte, war eine kleine Welt. Ich lebte mit meiner Großmutter auf einem kleinen Bauernhof im Badischen. Ich hatte einen staatlichen Vormund, eine Frau, die mich von Zeit zu Zeit besuchte, solange ich ein Kind war, und so glaubte ich, meine Eltern seien tot. Tagein, tagaus arbeitete meine Großmutter auf dem Hof, den sie nach dem frühen Tod meines Großvaters alleine führte. Ich spürte früh die Last, die sie zu tragen hatte, und ich versuchte, ihr so viel wie möglich zu helfen. Im Garten pflückte ich Petersilie, sammelte in der Scheune die Hühnereier ein und übernahm die kleineren Einkäufe im Krämerladen.

Meine Großmutter freute sich, wenn ich ihr bei der Arbeit zur Hand ging, und sie lobte mich dafür. Ich mochte weich gekochte Eier, und wenn meine Großmutter für die Schweine Kartoffeln kochte, dann gab sie oft ein rohes Ei mit in den Topf. Ich lernte bald, das Ei mit einem großen Löffel herauszuholen, ohne mich am heißen Kartoffelwasser zu verbrühen, und genoß das köstliche Essen wie ein wunderbares Geschenk.

Als ich vier Jahre alt war, musste ich in den Kindergarten. Der Weg war weit und für mich ein einziges Grauen: hohe Zäune, gesäumt mit Windenblumen, schmale Pfade, die sich endlos lange hinzogen. Die Schnecken waren im Morgentau noch an den Blättern zu sehen, und die blauen und weißen Trompetenblumen waren geschlossen. Manchmal waren die Regenpfützen so groß, dass ich nicht darüber hinwegspringen konnte. Es war früher Morgen, und mir war kalt.

Endlich angekommen, wäre ich am liebsten sofort wieder umgekehrt und nach Hause gelaufen. Es war mir zu laut, und ich empfand die Nähe der vielen großen und kleinen Menschen als Bedrohung. Manche musterten mich von oben bis unten, manche sahen ruckartig weg.

„Meine Mutter hat gesagt, ich soll mit dir nicht gehen", hörte ich auf dem Nachhauseweg, wenn die Kinder die Straßenseite wechselten; „Du bist Kriegsware, hat mein Vater gesagt!" Mir wurde ganz heiß. Was sollte das bedeuten? Was war los mit mir? Warum dürfen sie nicht neben mir gehen? Was hatte ich ihnen denn getan? Ich schämte mich sehr.

Als ich zu Hause ankam, erzählte ich meiner Großmutter weinend, was ich erlebt hatte. „Hör zu", sagte sie, und ich sah, dass sie selbst die Tränen kaum zurückhalten konnte. „Menschen sind so. Sie sagen oft Dinge, und sie meinen es ganz anders." Erst als ich älter wurde, verstand ich, was es mit der Ablehnung und meinem „Anderssein" auf sich hatte: Meine glatten, dunklen Haare und die Form meiner Augen ließen keinen Zweifel daran, dass ich Halbasiatin bin.

Sehr viel später habe ich erfahren, dass mein Vater aus Asien stammt und während der Besatzungszeit in der französischen Armee gedient hatte. Meine frühen Fragen, wer meine Eltern seien, blieben unbeantwortet. Jedes Mal, wenn ich meine Großmutter danach fragte – denn schließlich hätten alle Kinder Eltern, zumindest eine Mutter –, begann sie zu weinen, und so hörte ich bald damit auf. Denn meine Großmutter weinen zu sehen, war das Schlimmste, was es für mich gab.

Zu Hause fühlte ich mich am wohlsten. Denn was im Kindergarten begonnen hatte, setzte sich in meiner Schulzeit fort. Ich hatte Angst und konnte mich schlecht konzentrieren. Meine Kleidung war spärlich, meine Schuhe vorgetragen und entweder zu groß oder zu klein. Das Schlimmste war, dass auch in der Schule keiner aus dem Dorf neben mir sitzen wollte. Selbst wenn ein Lehrer Erbarmen mit mir hatte und sie dazu aufforderte. Ich hatte jedes Mal Angst, hinauszugehen und den Erwachsenen oder Kindern zu begegnen, sei es auf dem Weg zur Milchzentrale, ins Dorf oder zur Schule. Es war nicht so, dass man mich keines Blickes gewürdigt hätte – im Gegenteil: Einige stierten mich an, andere schauten ruckartig weg, wenn Sie mich sahen – und beides rief in mir Unsicherheit, Angst und Furcht hervor. Ich fühlte mich schuldig, ohne zu wissen, warum, und ich gab mir Mühe, fleißig zu sein, um Lob und Liebe zu bekommen. Meine Fähigkeit, mich auszudrücken, war wenig entwickelt, doch ich lernte, sehr aufmerksam zu beobachten und zu spüren, was um mich herum vorging.

In meiner Erinnerung gibt es wenige Begegnungen, in denen ich als kleines Kind Wärme und Achtung erfuhr. Ich erinnere mich besonders gut an einen alten weißhaarigen Mann. Er war Professor, groß und schlank, rauchte Pfeife und kam ein- bis zweimal im Jahr in unser Dorf, um dort Ferien zu machen. Meistens hatte er einen kleinen Jungen bei sich, seinen Enkel. Als ich den beiden das erste Mal begegnete, war ich vielleicht vier oder fünf Jahre alt. Das Hoftor stand weit offen, als die beiden vorbeikamen. Der Professor sah mich freundlich an, und sein kleiner Junge kam direkt auf mich zu: „Komm mit in den Wald, Großvater zeigt uns viele Dinge“, sagte er. Meine Großmutter, die gerade aus dem Haus getreten war, hatte es gehört und sagte: „Ja, geh ruhig mit, wenn du magst“, und sie packte schnell etwas zu essen und zu trinken ein, und wir machten uns auf den Weg. Kaum hatten wir das Dorf verlassen und liefen die Felder entlang, begann der Professor mit lauter und deutlicher Stimme zu sprechen. Er rezitierte Verse und erklärte uns die Pflanzen, die am Wegesrand auftauchten. Ich hätte nicht wiederholen können, was er in seiner poetischen, eleganten Sprache sagte, denn weder kannte ich Kinderbücher, noch war mir als Kind von jemandem vorgelesen worden. Aber ich verstand vieles von dem, was er sagte. Im Wald setzten wir uns auf große Steine oder Baumstämme. Dann schaute er hinauf zu den Baumwipfeln und rief oft: „Oh Gott, oh Schöpfer, wie schön hast du diese Welt erschaffen.“ Ich genoss diese gemeinsamen Ausflüge.

Eines Tages kam der Professor nicht mehr ins Dorf. Die Menschen munkelten irgendetwas, wie so oft. Ich blieb allein mit meiner Traurigkeit und mit meinen Erinnerungen an die wunderbare, poetische Sprache des Professors, der eine Würde und Wärme ausstrahlte, der mich achtete und dem ich Vertrauen schenken konnte.

„Kind, ich bin zu alt, um dir zu helfen“, sagte meine Großmutter damals oft zu mir, „Du musst lernen zu beten, und der liebe Gott wird dich beschützen und die Mutter Gottes, die einen blauen

Mantel trägt." In unserer kleinen Dorfkirche gab es auf der linken Seite, wo die Frauen und Mädchen saßen, einen Seitenaltar mit einem großen Bild der Madonna in einem blauen Mantel, die von einem strahlenden Licht und von Rosen umgeben war. Ich schaute mir die Madonnenbilder lange an, und so oft ich konnte, betete ich. Jeden Abend vor dem Schlafengehen sprach meine Großmutter mir dasselbe kleine Gebet vor: „Du bist klein, dein Herz ist rein. Darf niemand drin wohnen als Jesus allein", und dann durfte ich alleine beten. Meine Großmutter brachte mir bei, mich mit all meinen Fragen und all meinem Kummer an den lieben Gott, die Mutter Gottes in der Kirche, und die Engel zu wenden, die über dem Bett meiner Großmutter hingen.

Ich lernte mit der Zeit zu glauben, dass sie mich genauso beschützen könnten wie die Kinder auf den Bildern. „Kind, es wird alles gut", sagte meine Großmutter dann und strahlte mich mit ihren hellen blauen Augen voller Hoffnung und Güte an. Ich spürte ihre große Zärtlichkeit und ihre Liebe.

Je größer ich wurde, desto mehr litt ich unter der Ablehnung, dem Anderssein, dem Ausgeschlossenwerden. Ich betete täglich und bat die Engel, mich wegzuholen aus dem Dorf, weit fort. So sehr ich hoffte, mein Wunsch möge in Erfüllung gehen, so sehr fürchtete ich mich zugleich davor: Würde es doch bedeuten, mich von meiner Großmutter trennen zu müssen.

Eines Tages war es so weit. Eine Familie aus einer der nahe gelegenen Städte war bereit, mich bei sich aufzunehmen. Ich konnte mich beschützt fühlen, und obwohl ich mich oft sehr nach meiner Großmutter sehnte, war ich froh, nicht mehr im Dorf zu leben. Meine Angst und Scham blieben, ebenso wie die vielen Fragen, die ich hatte und über die ich mit niemandem sprechen konnte. Was soll bloß aus mir werden? Warum hat man mich allein gelassen? Warum sind andere mehr wert als ich? Warum bin ich nicht auch blond und blauäugig? Warum sind manche Menschen reich und andere arm geboren? „Gott, wenn es dich wirklich gibt, dann bist du ungerecht“, dachte ich.

Trotzdem wollte ich Gott nahe sein und spürte, wie ich daraus Kraft und Ruhe schöpfte. „Sei geduldig und liebevoll zu dir“, hörte ich meine innere Stimme und dachte an meine Großmutter, die mich so oft getröstet hatte: „Gott hat alle Menschen gleichermaßen lieb“, sagte sie, und „Es ist nicht alles Gold, was glänzt“. Meine Großmutter gebrauchte nie große Worte. Vielleicht war dies mit ein Grund, weshalb ich so gut verstand, was sie mir sagen wollte. Nicht alles ist rein, edel und wertvoll, nur weil es für mich so aussieht. Vielleicht konnte es nur besser werden, wenn ich es erlaubte. Und ich wollte es gerne erlauben.

Die Familie, die mich aufnahm, wurde für einige Jahre mein Zuhause. Eines Tages erhielt ich einen blauen Brief mit dem Absender des Landratsamtes. Schon bevor ich ihn öffnete, - bekam ich Herzklopfen. Diese Briefe beinhalteten immer Ankündigungen, dass jemand vom Amt kommen würde, um mich zu begutachten. Doch diesmal war es anders. Der Brief enthielt die Anfrage eines Herrn, den ich nicht kannte, und ein Formular, mit dessen Hilfe eine Bestandsaufnahme über mich und meine Lebensumstände gemacht werden sollte. Man wollte wissen, ob es mir gut ging, ob mir etwas fehle. Was für eine ungewöhnliche Frage! Ich empfand sie als geradezu unerhört. Wen kümmerte plötzlich mein Befinden? Warum sollte ich jemandem Auskunft geben, der mir völlig unbekannt war?

Ich fragte nach, und ich bohrte so lange, bis ich die Antwort bekam – sie verschlug mir den Atem: Meine Mutter lebte doch. Sie war verheiratet und hatte noch weitere Kinder. Es war ihr jetziger Ehemann, der – vermutlich in liebevoller Absicht – eine gewisse Ordnung schaffen wollte. Das Gegenteil geschah, Vorwürfe, Verletzungen und Fragen quälten mich, wie: Warum hat sie mich nicht mitgenommen? Tagelang schluchzte und weinte ich vor mich hin. Es gab nur wenige, die mich verstanden haben, und es gab niemanden, der mir die Antwort geben konnte.

Der tiefe Schmerz ließ mich innerhalb weniger Wochen erwachsen werden. Ich wußte, dass weder die Liebe der anderen Menschen noch meine Liebe zu mir selbst mir genügend Halt geben würden. Ich zweifelte an allem, ich fühlte mich betrogen, voller Groll, böse und wütend. Der Schmerz reichte bis auf den tiefsten Grund meiner Seele, und jede neugierige Frage nach meinen Eltern rief ihn in mir wieder wach, noch lange bis in meine späteren Lebensjahre hinein.

Von der äußeren Welt kam kein Trost. Ich erinnerte mich an das Gebet, das eine Konzentration nach innen ist und mir Ruhe, Wärme und Geborgenheit schenkte. Und ich nahm mir fest vor, glücklich zu sein.

2

Leben der Seele

DER BEGINN EINER NEUEN ZUKUNFT

Es war ein Brief, der meine Kindheit beendete – und ein Unfall, der mir die Brücke in die Zukunft baute. Beim Treppensteigen stolperte ich über meine Büchertasche und stürzte so unglücklich die Treppe hinab, dass ich ohnmächtig wurde. Dann, wieder bei Bewusstsein, noch am Boden liegend, war es mir unmöglich aufzustehen. Bei der geringsten Bewegung meines rechten Fußgelenkes fiel ich erneut in Ohnmacht. Eine sofortige Untersuchung in der Notaufnahme des Krankenhauses ergab: Nichts war gebrochen, kein Riss, keine Prellung. Es handelte sich um eine Verstauchung, die zu einer leichten Schwellung der Gelenkkapsel geführt hatte. Ich bekam einen dicht angelegten Verband und sollte wieder nach Hause gebracht werden. Doch daraus wurde nichts. Ich konnte nicht nach Hause gehen, denn bei der geringsten Bewegung, bei der geringsten Erschütterung fiel ich immer wieder in Ohnmacht. Dieser Zustand hielt ungefähr drei Tage an, fünf- bis sechsmal täglich, und klang erst nach weiteren sechs Wochen vollständig ab.

Bisher kannte ich hauptsächlich seelische Schmerzen, die ich im Gebet heilen konnte. Doch was tun, wenn man ohnmächtig ist? Wenn man infolge eines körperlichen Schmerzes in Ohnmacht fällt? Wenn Gedanken, Gefühle und Handeln ausgeschaltet sind, jegliche Kontrolle verloren geht? Ich sprach mit vielen Menschen, um zu erfahren, was Ohnmacht ist. Vor allen Dingen wollte ich wissen, was in solchen Momenten wirklich mit dem Menschsein passiert. Ich empfand das Hinübergleiten in den Zustand der Ohnmacht wie Sterben.

„Sterben", dachte ich, „wenn Sterben so ist, ist Sterben schön – unkompliziert, unverkrampft im Augenblick, fast selig." Ja, aber ich konnte mich an nichts erinnern, wenn ich zurückkam aus meiner Ohnmacht ins wachbewusste Leben. Und wie ist es dann mit dem Sterben? Was ist mit den Aussagen, dass es einen Himmel gibt? Oder dass es ein Jenseits gibt? Dass wir auf der anderen Seite weiterleben? Dass es eine von Gott erschaffene Seele gibt, die niemals stirbt? Wenn Ohnmacht wie Sterben ist, ist dann Schlafen auch wie Ohnmacht oder Sterben? Es ließ mir keine Ruhe, dies tiefer zu ergründen. Wir Menschen leben in einem Körper – oder leben wir *mit* einem Körper? Was davon ist der menschliche Anteil?

Die Erfahrung der Ohnmacht ließ mich nicht mehr los. Es gab kaum etwas, das ich nicht hinterfragte. Immer wieder meldeten sich die Ohnmachtserlebnisse und die schmerzlichen Erfahrungen meiner Kindheit. Wie in Rhythmen oder Wellenbewegungen zogen sie auf und ab. Der Wunsch, alle diese Erlebnisse zu verarbeiten – und zu heilen –, war sehr groß geworden.

Inzwischen hatte ich erfahren, dass es möglich ist, Zugang zu Erlebnissen zu bekommen, die im Inneren des Menschen gespeichert sind, mit dem Ziel, sie zu heilen. Diese Erlebnisse sind mit Geschehnissen verbunden, die tief im Unterbewusstsein liegen und in der Regel keinen wachbewussten Zugang erlauben. Daher sind sie wie ausgeblendet. Im Tagesbewusstsein gibt es jedoch Anhaltspunkte, die einen Zugang erlauben. Das können beispielsweise Gefühle, Vorlieben oder Neigungen sein, die weder in einer Familie bekannt noch anderweitig erklärbar sind. Wie das Rätsel meiner Herkunft, so hatte mich die Frage danach, woher wir kommen, von klein auf beschäftigt.

Ich entschloss mich schließlich, zu einer Rückführungstherapie nach London zu gehen. Zuerst einmal galt es, die Ursachen meiner Ohnmachtsanfälle zu erforschen, die mir so nicht bewusst geworden waren.

Bereits gegen Ende der ersten Sitzung sah ich Dinge, die ich mit meinem Körper, mit diesem Gehirn, diesem Verstand und mit meinen Augen niemals hätte sehen können. Ich erreichte einen Zustand, in dem ich mich ausdehnen konnte in die Bewusstseinsebene einer Raum- und Zeitdimension, in der ich noch nicht geboren war. Sehend und hörend war ich Zeuge der Geschehnisse kurz vor meiner Geburt. Ich *hörte* die Stimme meiner Großmutter, meines Onkels, den ich ja kannte, einer Hebamme, die ich nicht kannte und *sah* eine junge Frau, die meine Mutter war. Im Raum standen Gegenstände. Diese sah ich schon, bevor meine Geburt stattfand. Dann begann die Entbindung. Ich sah, wie sich eine Hausgeburt vollzog. Die Hebamme drückte meine beiden Fußgelenke zusammen und nahm mich hoch, um das erste Einatmen zu unterstützen. Dabei kam es zu einem Schmerz im rechten Fußgelenk.

Im gleichen Augenblick spürte ich meinen damaligen Gedanken: *Das wird ein schweres Leben.* Die Wahrnehmung meines Gedankens machte mich stutzig, zumal doch die Aktivität meines Gehirns als Neugeborenes theoretisch nicht dazu fähig war.

Hier war ich nun an einer Stelle angelangt, wo viele Ungereimtheiten zusammenkamen, wo normale Erklärungen keinen Platz mehr hatten. Das Sehen und Hören *vor* meiner Geburt ließ mir keine Ruhe. Viele Fragen drängten sich mir auf: Wo war ich denn vorher? Kann ich auch ohne meinen Körper sehen und hören? Und, noch bedeutungsvoller: Wo ist all dies gespeichert, wenn mein Gehirn noch nicht in Aktion ist, wenn ich noch nicht einmal geboren bin?

Auch lieferte mir das Gesehene eine mögliche Erklärung für meine Ohnmachtsanfälle, die zum ersten Mal nach einer Verstauchung des rechten Fußgelenks aufgetreten waren. Es musste einen Zusammenhang zwischen den Ohnmachtsanfällen und meinen bei der Geburt zusammengepressten Fußgelenken geben. Die Schmerzen im rechten Fußgelenk schienen also gespeichert zu sein und bei jedem schmerzhaften Erlebnis an meinem rechten Fußgelenk hat sich der Schmerz weiter aufgeschaukelt, so dass nun eine einfache Verstauchung reichte, um mich ohnmächtig werden zu lassen.

Meine Ohnmachtsanfälle wurden zum Schlüssel, der mir die Tür zu tieferem Erkennen öffnen sollte. Immer wieder beschäftigte mich die Frage: Wo wird all das Gesehene und Gehörte gespeichert? Wo war ich vor der Geburt, und wieso konnte ich sehen und hören, ohne einen Körper zu besitzen? Dies war ein Phänomen, das mir niemand erklären konnte. Es hätte ja durchaus sein können, dass ich verrückt war. Doch da waren glücklicherweise die Erinnerungen an einzelne Ereignisse und Personen aus meiner Kindheit, die das Wahrgenommene bestätigten.

Nachdem ich mehr Klarheit über den Zustand und die Ursache der Ohnmacht gewonnen hatte, wandte ich mich erneut meinen Kindheitserfahrungen zu. Es zeigte sich, dass auch andere Themen, wie meine Minderwertigkeitskomplexe, immer wieder verstärkt wurden und auf eine Vielzahl von Ereignissen zurückgingen, bei denen ich mich als klein, hilflos, hässlich und dumm empfand. Es eröffnete sich mir eine völlig neue Sicht, denn manche Erfahrungen endeten nicht in dieser Zeit, in diesem jetzigen Leben, sondern führten in andere Zeiten, in andere Leben. Diese anderen Leben beinhalteten oft den Anfang von Erfahrungsmustern, die bis in die heutige Zeit hineinführten.

Nun verstand ich: Der Speicher, nach dem ich fragte, der Speicher, der alles Erlebte festhält, ist die Seele. Wie unendlich groß muss sie sein, um wirklich alles aufzunehmen! Nun wurde mir klar, warum manche Kinder geboren werden und Fähigkeiten besitzen, die sie in diesem Leben noch gar nicht erworben haben können; warum Menschen innerhalb einer Familie oft so gänzlich unterschiedlich sind; warum manche Menschen sowohl positiv unterstützende als auch negativ behindernde Erinnerungen besitzen; warum sie – je nach Lebensalter – einen unterschiedlichen Zugang zu sich selbst haben oder sich auch jeweils einen anderen Zugang zum Jenseits bewahrt haben.

Je kleiner die Kinder sind, desto natürlicher ist ihr Zugang zum Jenseits. Schließlich ist das Jenseits der Ursprung ihres Seins. Kleine Kinder sind meistens bis zum dritten Lebensjahr hellsichtig. Durch die Art des Lernens und des Trainierens, mit der Materie umzugehen, verlieren sie den Kontakt mit dem Jenseits bis zum siebten Lebensjahr endgültig. Die meisten Erwachsenen können sich nicht mehr daran erinnern. Die Erwachsenen sind dann so „erwachsen", dass sie den Zugang zu ihrem Ursprung verlieren. Jesus sagte: „Werdet wieder wie die Kinder." Das heißt nicht: „Werdet kindisch", sondern: "Kommt wieder zum Tor des Ursprungs und zur Quelle, die tief in euch liegt, dort, wo die Unkompliziertheit, das Einfache und Reine ist."

Es sind also die gelebten, in der Seele gespeicherten Erlebnisse, die uns Menschen voneinander unterscheiden, und nicht die von Vorfahren ererbten Fähigkeiten, Vorlieben oder Krankheiten. Dann wäre die Seele im Ursprung ein ganz reiner und leerer Behälter, wie eine unbeschriebene Festplatte.

So zog ich für mich den Schluss, dass die Seele aller Menschen im Ursprung gleich erschaffen wurde. Gott hat die Seele erschaffen. Er hat nicht Menschen mit unterschiedlichen Fähigkeiten oder Unfähigkeiten erschaffen. Nein, wir hatten alle die gleichen Ausgangsbedingungen, das zu leben, wofür wir uns entschieden haben – natürlich nicht zur selben Zeit und nicht alle auf einmal.

3

Innigkeit und Hingabe

IN MEINEN GEBETEN LERNTE ICH ZU VERTRAUEN

Je mehr ich mich in den Rückführungen mit meinen Kindheitserlebnissen befasste, desto mehr Erkenntnisse gewann ich. Langsam gewöhnte ich mich an den Gedanken bereits gelebter anderer Leben. Nichts geht verloren. Alles, was je gelebt wurde, existiert weiter in der Seele; und die verschiedenen Lebensinhalte sind nicht nur einfach in der Seele gespeichert, sie beeinflussen das gegenwärtige Leben, wenn auch größtenteils unbewusst.

Meine Großmutter pflegte zu sagen: „So wie es in den Wald hineinschreit, so schreit es heraus!“ Jedes Handeln erzeugt ein Echo, jede Ursache eine Wirkung. Die Art und die Qualität des Handelns bestimmen die Qualität der Erfahrungen. „Was ihr sät, werdet ihr ernten“, heißt es. Wer sät, setzt eine Ursache, erschafft etwas. Ungewiss ist jedoch, *wann* eine bestimmte Handlung ihre Folgen zeitigt. Wann die jeweilige Ernte eintritt, ist nicht an eine bestimmte Zeit gebunden. Auch beschränkt sich ein Ereignis, das das Gegenwärtige beeinflusst, nicht unbedingt auf eine bestimmte Zeitspanne. Es kann daher sein, dass ein bestimmtes Geschehnis über mehrere Leben seinen Einfluss ausübt – eine gute oder schlechte Ernte bringt, je nach Art des früheren Handelns. Nichts, aber auch gar nichts geht verloren, selbst kleinste Geschehnisse nicht.

Diese Verbindungen befinden sich auf einer Ebene jenseits des Verstandes, ihr Zuhause ist nicht das Wachbewusstsein. Heißt das, dass es Dinge in uns gibt, die wir nicht kontrollieren können? Wenn das so ist, wer bin ich dann? Wer oder was bin ich wirklich? Was ist es, was man „Seele" nennt? Diese Fragen wurden immer drängender.

Über die Seele wird viel gesprochen: Ein Arzt spricht anders über die Seele als ein Priester, und teilweise wird sie als Psyche bezeichnet. Mir hat sich durch das Beten erschlossen, was die Seele ist: Durch das Gebet hat sich tief in meinem Herzen eine Kommunikation entwickelt, die mich Ruhe, Frieden und ein Gefühl der Weite empfinden ließ. Die Konzentration im Gebet war keine Konzentration auf den Verstand oder das Denken. Sie richtete sich auch nicht auf das Fühlen. Es war eine Hinwendung, eine Ausrichtung auf eine andere Instanz – eine Instanz, die ich damals noch nicht genau benennen konnte.

Ich begann mehr und mehr, Gott anders zu verstehen – nicht als Person, die über allem wacht, als Richter, der bestraft und darüber bestimmt, wer in die Hölle, ins Fegefeuer oder in den Himmel darf. Wenn Gott alles erschuf, muss in allem Gott sein. Auch wenn der Mensch seinen göttlichen Anteil vergessen hat, heißt das nicht, dass dieser Anteil nicht vorhanden ist. Wenn alles von Gott erschaffen wurde, insbesondere alle Menschen, dann sind somit alle Menschen von ihrem Ursprung her gleich. Die Seele eines jeden ist in ihrer Ursprünglichkeit, in ihrem Kern – ihrer Uressenz – absolut identisch.

Mit diesen Einsichten begann meine bewusste Entwicklungsarbeit: Ich nahm mir fest vor, die verschlüsselte Sprache der Seele zu verstehen. Dabei halfen mir meine Träume. Jahrelang schrieb ich Träume auf, um an mein Unterbewusstsein zu gelangen. Es gab Zeiten, in denen ich trainierte, während des Träumens aufzuwachen, um das Geträumte aufzuschreiben, und dann wieder einzuschlafen, um an derselben Stelle weiter zu träumen. Im Wachzustand habe ich dann manchmal meine Aufzeichnungen – Skizzen oder Worte – nicht mehr verstanden. Manchmal konnte ich mich einfach an nichts mehr erinnern und meinte, dass die Aufzeichnungen nicht meine wären.

Probleme können sich in vielen unterschiedlichen Facetten zeigen, besonders in Träumen. Vielfach zeigen sich Lebenssituationen, die scheinbar nicht zusammenpassen und gar nichts mit diesem jetzt gelebten Leben zu tun zu haben. Auch bei mir war das so. Und dann sagte mir meine innere Stimme: „Ja, doch ... doch. Schreibe es auf. Es ist alles richtig, denn deine Seele weiß, was zusammenpasst, was zur jeweiligen Lebenssituation passt, sie hilft dir, deine Probleme zu lösen."

Nach und nach wurde mir klar, dass durch das Beten eine Art von Bewusstseinskanal entstand, durch den meine Seele Antworten zu meinen Fragen erhielt. Je stärker in mir der Drang wurde, Dinge zu erfahren, die es – der Schulweisheit nach – eigentlich zwischen Himmel und Erde gar nicht gibt, desto mehr begann ich, nicht nur zu wissen, sondern auch zu sehen.

Ich begann, Dinge zu sehen, ohne mit den Augen zu sehen, Dinge zu hören, ohne mit den Ohren zu hören. Eine lange Zeit war nötig, um all die Fakten, die aus einer anderen Ebene des

Bewusstseins kamen, zu überprüfen. Wie bei einem großen Puzzle fügte sich das Wahrgenommene schließlich zu ganzheitlichem Wissen zusammen. Immer wieder überprüfte ich, ob ich mit diesem sich mir erschließenden Wissen und mit meinen Erkenntnissen über Dinge, die es angeblich gar nicht gibt, richtig lag.

Wenn es sich bei dem Erspürten um Angelegenheiten Dritter handelte, war ich besonders vorsichtig. Meistens ließ ich nach eigener Prüfung eine medial begabte Freundin die Dinge nochmals überprüfen. Dabei war es mir wichtig, dass mit dem neuen Wissen, mit den neuen Erkenntnissen besonders verantwortungsbewusst umgegangen wurde.

Viele Wahrnehmungen gehören zum inneren Prozess des Sich-Entwickelns. Am Anfang weiß man nicht wirklich, was Entwicklung tatsächlich ist; welche Wege man gehen soll; welche Methoden in welchem Zeitabschnitt die richtigen sind. Ich ließ mich von der Vorstellung leiten, dass Entwicklung bedeutet, etwas zu lösen, abzuwickeln, zu entwirren, Ordnung in mir zu schaffen und Unordnung zu klären.

Woran liegt es, dass man nicht mehr klar sieht, dass so vieles verworren ist? Da der Ursprung des Menschen Geist und Seele ist, müssen wir zu diesem zurückfinden, muss der Kern wieder freigelegt werden, frei werden von Verwicklungen, von gelebten und erlebten Geschehnissen, die nicht verarbeitet, sondern von Missverständnissen überlagert sind. Genau in diesen Missverständnissen liegt der Grund dafür, dass wir verwirrt sind, nicht mehr klar sehen und den Kern unseres Ursprungs nicht mehr erkennen können. Es sind die schmerzhaften Erlebnisse auf seelischer und körperlicher Ebene: Trauer und Enttäuschungen, Ohnmacht und Hilflosigkeit, die uns behindern. Sie behindern den Fluss unserer ursprünglichen Kraft.

Mein großes Glück, den Zugang zum Ursprung nicht verloren zu haben, war die Not meiner Kindheit. Über das Herz, durch das Gebet, habe ich die Liebe der Seele gefunden: Ein ganz bestimmtes Schwingen, eine ganz besondere Frequenz, Ausdehnung und Weite. Eine Liebe, die bedingungslos in jedem Menschen vorhanden ist, die auch ohne Partner existiert und erkannt und wieder vergrößert werden sollte.

Wenn von Liebe die Rede ist, dann meist in dem Sinne, dass es gilt, sich um andere zu kümmern – während die Hinwendung zu sich selbst als „egoistisch" bezeichnet wird.

Doch die Liebe, von der Jesus sprach: „Liebe deinen Nächsten wie dich selbst" bedeutet für mich: Finde zuerst die Liebe in dir, dann findest du die göttliche Frequenz der Liebe in den Menschen und in der Welt und in den Ereignissen, die dir begegnen. Wir können die Liebe eines anderen nur wahrnehmen und empfangen, wenn die Liebe in uns selbst und zu uns selbst lebendig ist.

Das erste Gebot ist daher: Verantwortung für sich selbst zu übernehmen. Das heißt unter anderem, dafür zu sorgen, gesund zu bleiben. Jeder weiß, wann er sich selbst schadet, und jeder sollte sich fragen: Wie viel mehr kann ich anderen Menschen helfen, wenn ich kraftvoll, dynamisch und gesund bin! Wie viel mehr kann ich für andere nützlich sein, wenn ich mich erst einmal um mich selbst kümmere? Bin ich mir selbst in Liebe zugewandt, dann begegne ich auch anderen mit Liebe.

Es ist die trennende Haltung, um die es geht: Wir trennen zwischen Mensch, Welt, Gott. Das Wesentliche ist, zum Ursprung zurückzufinden. Ich begann, dies zu begreifen und auch vollen Herzens zu leben. Ich nahm mir fest vor, mein Handeln selbst zu bestimmen – bewusst zu „säen“. Ich begann, mir ganz bestimmte Ziele zu setzen, und da ich wusste, dass das Gesetz von Ursache und Wirkung stimmt, ging irgendwann die „Saat“ auf.

4

Fließende Energien

KÖRPER, SEELE UND GEIST SIND VERBUNDEN

Meine Ohnmachtszustände und die Erlebnisse während der Rückführungssitzungen waren der Ausgangspunkt für eine intensive Arbeit an und mit meiner eigenen Seele. In den folgenden Jahren erweiterte sich mehr und mehr mein Verständnis. Die Zusammenhänge, die ich in meinem eigenen Leben entdeckte, die Erfahrungen und Einsichten, die ich gewann, und die Antworten, die ich fand, bildeten die Grundlage für meinen späteren Weg. Während meiner Ausbildung zur Wirtschafterin hatte ich die Möglichkeit, in einer Klinik zu arbeiten, in späteren Jahren zeitweise auch bei niedergelassenen Ärzten. Lange bevor ich mich intensiv mit Anatomie und Physiologie beschäftigte – in der Vorbereitung für meine Prüfung zur Heilpraktikerin – hatte ich die Erkenntnis gewonnen, dass das Seelische und das Physische in einem untrennbaren Wechselspiel miteinander verbunden sind.

Der physische Körper, der materielle Anteil des Menschen, kann auf alles reagieren. Nicht nur vom Denken gehen Impulse aus, sondern vor allem auch von den Gefühlen. Denken und Fühlen können aus der Vergangenheit kommende Reaktionen auslösen, die in der Gegenwart wirken und so die Zukunft mitbestimmen. Unser Körper und damit jede seiner Zellen kann jederzeit positiven oder negativen Erinnerungen ausgesetzt sein. Es sind vor allem die schmerzhaften Erlebnisse wie Trauer und Enttäuschung, seelische Verletzungen oder Missbrauch, die sich mit einem aktuellen schmerzhaften Ereignis verbinden können und so den Fluss unserer ursprünglichen Kraft behindern. Ein negatives Erlebnis zieht also – wie ein Magnet – in uns bereits vorhandene, ähnlich gelagerte Erlebnisse an. Diese Verbindungen geschehen nicht im Wachbewusstsein, sie befinden sich auf einer Ebene jenseits des Verstandes. Ihr Wirken zeigt, dass die Kommunikation der in uns wirkenden Kräfte weitaus größer ist als das, was wir mit dem Verstand zu überblicken vermögen.

Der Mikrokosmos Mensch ist dem Makrokosmos Erde in vielfachem Austausch und weitreichenden Wechselwirkungen verbunden. Um nur ein Beispiel zu nennen: Im Atemzyklus nehmen wir Sauerstoff auf, der von Pflanzen und den Bäumen abgegeben wird, und geben Kohlendioxid ab, das wiederum Pflanzen aufnehmen.

Für mich besteht kein Zweifel, dass das physische System Körper nicht einfach so aus sich heraus funktioniert. Im Gegenteil, mir wurde immer klarer, dass dieses Funktionieren das gigantische Werk einer höheren Intelligenz sein muss. Was von den vielen Prozessen im physischen Körper erleben wir eigentlich wachbewusst mit? Wir bewegen uns, wir essen, wir schlafen, wir spüren Wohlbefinden oder Schmerzen – aber wir nehmen das großartige Zusammenspiel in unserem Körper nicht wahr. Normalerweise merken wir nicht, wie das Blut in den Adern und

Gefäßen fließt; spüren nicht bewusst, welche Impulse unser Herz steuern und regeln, damit es im richtigen Takt schlägt; oder denken nicht über die komplexen Steuerungsmechanismen nach, die regeln, dass immer genügend Verdauungssäfte ausgeschüttet werden, um das Essen zu verdauen.

Bis heute fasziniert mich die wunderbare Ordnung des Körpers – die Nerven, die Organe, die Muskeln, die Knochen. Allein die Drüsen müssen eine so große Vielfalt von Aufgaben bewältigen – Hormone und Enzyme produzieren, den Blutdruck regulieren usw. –, dass sie vom menschlichen Verstand gar nicht gesteuert werden könnten.

Nun wusste ich durch die Rückführungstherapie, dass alles bereits Gelebte und Erlebte in der Seele gespeichert ist. Das Erinnerungsvermögen kann also auch durch den Kontakt zur Seele wieder wachgerufen werden. Doch wie bekomme ich diesen großen, wirkungsvollen Kontakt zur Seele? Einen Zugang spürte ich ja schon durch das Beten: Ruhe, Frieden und Liebe stellten sich ein. Im Autogenen Training erlebte ich, wie durch bewusste Konzentration meine Arme warm wurden, stärker durchblutet wurden oder sich plötzlich schwer anfühlten.

Ich machte auch die Erfahrung, dass, wenn ich mich in einen anderen Menschen verliebte, eine ebenso große neue Kraft entstand, dass das Verliebtsein Leichtigkeit und Freude brachte – ja, dass ich sogar weniger Schlaf brauchte. Was geschieht in einem Menschen zu einer solchen Zeit der Freude? Wo kommt die Kraft her, die hell und lichtvoll macht? Wieso ist der Körper dann so viel beweglicher und weniger müde? Selbst wenn man sich nur einbildet, dass ein anderer in einen verliebt ist, steigen

Kraft und innere Heiterkeit. Das bedeutet, dass die Kraft nicht von außen, sondern von innen heraus wächst.

Besonders eindrucksvoll ist diese Kraft und Lebendigkeit bei Kindern zu sehen: Sie scheinen in ihrer Fröhlichkeit von innen heraus zu strahlen, zu leuchten. Ihre Kraft scheint unerschöpflich zu sein, ihre Helligkeit und Leichtigkeit, ihre Kreativität ungleich größer.

Ich erinnere mich an Erlebnisse aus meiner Kindheit, die mir erst nach vielen Jahren in ihrer Bedeutung klar wurden. Es war Winter, und es schneite. Meine Großmutter hatte mich wie immer mittags schlafen gelegt. Ich lag in Großmutters Bett, dem Bett, über welchem auch die Engelbilder hingen, und schaute fasziniert auf das rote Dach des Nachbarn, das sich ganz langsam mit Schnee bedeckte. Mein Körper lag auf der rechten Seite, und ich freute mich über die Geborgenheit und Wärme. Ich war in einer Konzentration des Schauens – keine Gedanken und keine Gefühle. Langsam erhob sich ein Teil von mir und landete auf dem Dach unseres Nachbarn. Das ging sehr schnell, und ich bekam einen Schreck, der mich – einem Sog vergleichbar – wieder ganz in meinen Körper ins Bett meiner Großmutter zurückzog, einer Wellenbewegung gleich. Als Kind war mir nicht bewusst, dass eine solche Erfahrung nicht zum Alltag eines jeden Menschen gehört. Der Anteil von mir, der sich scheinbar ablöste und auf dem Dach des Nachbarn landete, konnte eins sein mit dem Schnee und gleichzeitig eins sein mit meinem Körper.

Als Kind fand ich Gefallen an diesem Zustand und erlaubte mir auch später, dass sich dies öfter wiederholte. Zu dieser Zeit wurde mir oft ganz warm von innen, und Energieströme bewegten sich an der Wirbelsäule entlang. Es wurde in meinem Körper hell und leicht. Je mehr ich mich auf diese Helligkeit konzentrierte, umso dauerhafter blieb es hell. Und dann geschah es, dass Erkenntnisse sich einstellten, eine Verbindung zu einem Wissen, das es wiederum auf dem Papier nicht zu lesen gab, eine Öffnung zu einem inneren Sehen, inneren Hören, zu einem inneren Wahrnehmen und Empfinden. Der Kontakt zu meiner Seele war wieder größer geworden.

Ich dachte damals sehr viel über diesen Zustand nach, um eine Antwort darauf zu finden, was Bewusstsein ist. Wenn Geist und Seele sich vom Körper lösen können, wenn es möglich ist, die Erfahrung solch wunderbarer Leichtigkeit bewusst zu machen, ist es vielleicht auch möglich, diese Leichtigkeit dauerhaft auch im Körper, in den physischen Zellen zu erfahren? Geist und Seele besitzen die Fähigkeit, sich aus der Materie abzuheben. Im Grunde geschieht dies jeden Tag. Wenn der Körper einschläft, dauert es nicht lange, bis ein Teil des Geistes und der Seele sich ein Stückchen erhebt, um dem Körper ungestört seinen Schlaf zu ermöglichen und auf anderen Ebenen Erfahrungen zu machen. Das typische Zeichen vor dem Einschlafen ist ein Zucken im Körper, wenn die Seele sich vom Körper abheben möchte und es nicht gleich vermag, weil die Nerven noch angespannt sind.

Ich wollte Klarheit in mir haben, eine Klarheit, die ich schon oft als Zustand erlebt hatte. Und je öfter ich in diesen klaren Zustand kam, umso intensiver wurde der Wunsch, darin zu bleiben. Im Beten erlebte ich, wie sich ein Gefühl der Weite in der

Gegend des Herzens einstellte. Eine Weite, die die Kraft hatte, die körperliche Enge zu durchdringen, die physischen Zellen zu bewegen. Es ist, als würden die Zellen tanzen, ein „Tanz“ im Sinne eines Miteinander-Schwingens, durch das von Zellmembran zu Zellmembran Energien weitergeleitet werden. Diese Energien verbinden sich zu einem immer größeren Strom, und immer mehr Zellen nehmen an diesem Tanz teil. Wenn man diesen Prozess des Energieflusses nicht unterbricht, wird sich ein Rhythmus einstellen wie die Wellenbewegungen auf dem Meer.

Ich erkannte, dass es notwendig ist, sich einerseits der Seele zuzuwenden und die daraus entspringende Energie zu intensivieren und andererseits den Körper möglichst stark und gesund zu erhalten. Der Mensch ist ein großartiges Energiesystem auf mehreren Ebenen. Und dieses Energiesystem braucht in sich eine Balance, ein Gleichgewicht. Die Aufgabe war es also, das Gleichgewicht zwischen Körper, Seele und Geist wiederherzustellen oder zu intensivieren und damit Heilung zu erzeugen.

5

Licht des Lebens

JEDE ZELLE HAT ANTEIL AM GÖTTLICHEN URSPRUNG

Das lateinische Wort *meditatio* beschreibt einen Zustand des verinnerlichten Betrachtens, des Nachsinnens. Es trägt auch den Bedeutungsaspekt „Einüben". So ist die Meditation eine Übung, die hilft, durch Konzentration zu einem verinnerlichten Zustand zu gelangen. Meditationen sorgen dafür, den Körper, die Gefühle und die Gedanken im Positiven zu unterstützen. Das Bewusstsein der Seele wird vergrößert, so dass es innere Probleme besser erkennen kann – Probleme, die schon sehr alt sein können und vielleicht sogar aus anderen Leben stammen.

Durch zahlreiche Studien wurde inzwischen erwiesen, dass durch die jahrtausendealte Praxis der Meditation ein Entspannungszustand von großer Tiefe erreicht werden kann, der die günstigsten Vorraussetzungen für die Entfaltung der Selbstheilungskräfte bietet. Spezielle klinische Versuche haben gezeigt, dass zu hoher Blutdruck gesenkt, Schlaflosigkeit geheilt, das Nervensystem gestärkt, Angst vermindert und die motorische Beweglichkeit erhöht werden kann.

In der von mir angewandten Meditation bedeutet Konzentration zuerst das Vorstellen von Licht in jeder Zelle, denn meine Suche nach dem Ursprung hatte mich zum Licht geführt.

Eines Tages sah ich vor meinem inneren Auge ein leuchtendes Bild. Es zeigte eine lebende, sich bewegende Zelle. Ich betrachtete fasziniert dieses Bild und sah, wie aus der Mitte des Zellkerns ein Leuchten hervortrat. Meine Konzentration verstärkte das Leuchten, und das Licht dehnte sich in Wellen vom Zellkern bis zur Zellmembran aus. Daraufhin zeigte sich das innere Bild neu als Zelle im Verbund mit vielen anderen Zellen gleichzeitig, die ebenfalls leuchtende Zellkerne aufwiesen. Auch hier dehnte sich das Licht aus, leuchtete über die Zellgrenzen hinweg und traf sich mit dem Licht der umliegenden Zellen. Das Licht, das vom Stützpunkt einer jeden Zellmitte, nämlich vom Zellkern ausgeht, erweist sich als ein immer größer werdendes Licht. Da aber der Zellkern als solcher kein Licht erzeugen kann, muss das Licht schon vor dem Zellkern existieren.

So erkannte ich das Licht als den Ursprung, wie es in der Schöpfungsgeschichte heißt: „Und Gott sprach: Es werde Licht! Und es ward Licht." Gott bzw. der Geist als das neutrale Alles und Nichts erschuf mit dieser Absichtserklärung das Licht als Träger.

Aus Gottes *Absicht Mensch* erschuf sich durch den Träger Licht die *Seele Mensch*. Und nun konnte – durch das bereits erstellte *Bild Mensch* in der Seele – der Körper wachsen. Das Urbild des Menschen, das Teil der Uressenz der Seele ist, ist so unermesslich, dass nur die Gottdimension als Erschaffer in Frage kommt. Die Zellen sind also eine präzise Erschaffung durch den Geist, die über die Seele zum physischen Körper geformt wurde. Der Zwischenkörper zwischen Geist und Materie, die Seele, hat die Urform Zelle in sich gespeichert, die als solche niemals verloren gehen kann.

So kam es, dass ich das Licht als die höchste Intelligenz der Zelle erkannte. Es schenkt vollkommen unspezifisch jeder beliebigen Zelle das Leben.

Man kann also sagen: Leben ist Licht.

Der Mensch neigt dazu, sich vorwiegend im Kopf aufzuhalten, trainiert durch den Intellekt; die Seele hält sich aber in *jeder* Zelle und darüber hinaus auf. Das bedeutet: Das Licht einer jeden Zelle ist die Seele. Je mehr Licht, umso größer die Heilung, denn je mehr Licht, umso mehr Leben und Lebendigkeit. Und das Heilsein, im Sinne von Ganz-Sein durch das Licht, schenkt Ausgeglichenheit in der Seele. Das Licht stellt über jede Zelle den Kontakt zur Seele her. Es vergrößert diesen sogar, und es tritt Geborgenheit ein.

Ich übte und übte, durch Konzentration in die Zellen zu gehen, um das Licht zu vergrößern. Ich begann mit der Konzentration von unten, bei den Füßen, Fußgelenken, über Waden und Schienbeine, um den Verstand aufzufordern, den Alltag loszulassen. Die Energie, die sich sonst mit dem Alltag beschäftigt, fließt in der Konzentration in die Füße, Fußgelenke, Waden und so weiter. Das Licht verstärkt sich, es entsteht Weite. Die Zellen erhalten mehr Kraft und Stabilität, dadurch erhöht sich ihre Durchlässigkeit und Transportfähigkeit. Der Austausch zwischen den Zellen und den Transportsystemen Blut und Lymphe wird unterstützt. Das Schwingen und Fließen wird vergrößert.

Eines Tages, während ich meditierte, verspürte ich eine besonders starke Energie. Intuitiv wurde mir plötzlich bewusst, dass ich bei den Meditationen Töne benutzen sollte. Töne sind mit spirituellen Frequenzen verbunden und können so die körperliche Ebene und damit jede Zelle nicht nur erreichen, sondern sogar durchdringen. Diese Töne verstärken mit ihren Schwingungen den Kontakt von uns Menschen zu unseren feinstofflichen Ebenen und damit zu unserer Seele. Ich probierte das Verwenden von Tönen sofort aus – und siehe da, die Meditationen erreichten eine viel höhere Intensität. Von da an benutzte ich Töne für jede Meditation.

Dieser Intuition nachgehend erkannte ich, dass unterschiedliche Vokale unterschiedliche Bereiche des Körpers ansprechen: Das „u" aktiviert, je nach Tonhöhe, den Bereich von den Füßen bis zum Becken. Das „o" spricht den mittleren Raum um das Solarplexus-Chakra herum an. Das „e" erzeugt eine Resonanz im oberen Raum, im Brustkorb. Wenn das „ü" erklingt, spüren wir den Hals, die Schultern und die Arme besonders intensiv. Das „i" schließlich erleichtert die Konzentration im Kopf. Dem mittleren Raum ist neben dem „o" auch das „a" zugeordnet. Während das „o" die Innerlichkeit verstärkt, ist das „a" von unserer Mitte her nach Außen strahlend und betont, dass wir hier auch die Möglichkeit besitzen, nach außen zu wirken.

Mitte der achtziger Jahre begann ich, Meditationsgruppen selbst zu führen. Heilung durch Selbstheilung stellte sich auch bei anderen Menschen auf physischer, psychischer und gedanklicher Ebene ein. Es war deutlich zu sehen, wie Menschen durch die Konzentration nach innen, durch den Kontakt zu ihrer Seele Ruhe und Gelassenheit finden; wie sie Stress durch eigene Kraft vermindern und abbauen konnten. Viele erfuhren die Meditation als Weg zur Überwindung von Trauer und Depression.

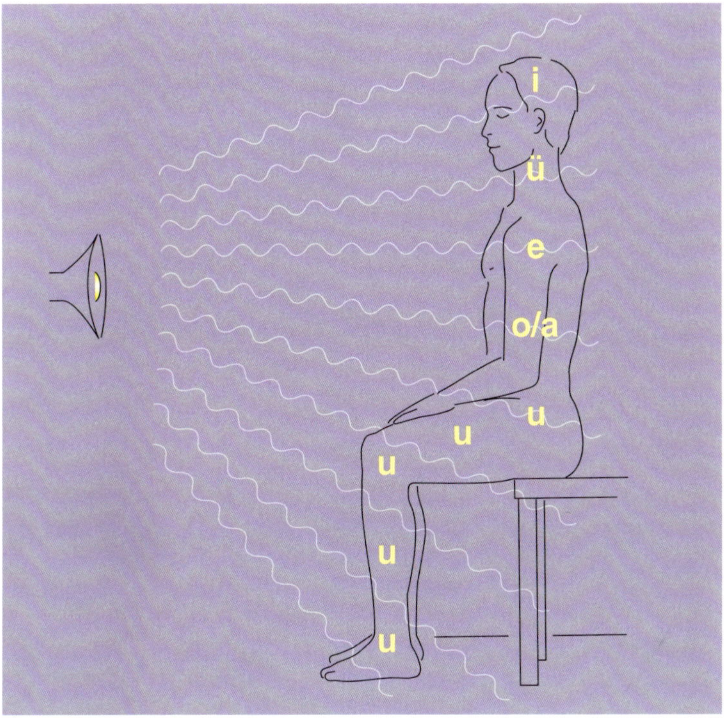

Wirkung der Töne in der Meditation

Meditation ist der Weg des Nach-innen-Gehens. Er ist zugänglich für jeden Menschen, unabhängig von jeglicher Art der Religiosität, denn es ist ein Weg, der zu sich selbst, zur eigenen Seele führt. Meditation ist ein Weg, der zu Erkenntnissen führt und Blockaden aufzulösen vermag, die das Leben in der materiellen Welt sonst erschweren. Meditation wirkt ähnlich wie das Gebet, das sich nach innen richtet, um dort mit dem Göttlichen in der Seele in Kontakt zu kommen, das Göttliche zu fühlen, zu spüren und zu erfahren. Wer dieses Göttliche in sich erfährt, wird seinen Mitmenschen mit viel mehr Liebe und Leichtigkeit begegnen. Der Zugang zum Fühlen und Wissen erhält eine andere Dimension, Vergangenheit und Zukunft werden in neuer Perspektive wahrgenommen.

Durch die Meditation lösen sich die Probleme, die sich über die verschiedenen Leben hinweg zu Blockaden verdichtet haben können. Dadurch kommen die Seelenkräfte wieder in einen natürlichen Fluss, und dieser Fluss der Seelenkräfte nimmt an Geschwindigkeit und Ausdehnung zu. So ermöglicht Meditation Heilung auf mehreren Ebenen: Heilung auf der körperlichen Ebene der Zellen, Heilung auf der psychischen Ebene durch Erkennen und Loslassen von belastenden Gefühlen, die in der Seele gespeichert sind, und Heilung auf der denkenden Ebene durch einen bewussten Umgang mit Gedanken und den gespeicherten und belastenden Missverständnissen.

Meditation kann in passiver wie aktiver Form geübt werden. Die passive Meditation bringt zu Bewusstsein, wie gewaltig das menschliche Energiesystem ist und über welche Vielfalt von Gedanken und Gefühlen es verfügt. Man spürt, wie viele davon gleichzeitig eingeschaltet sein können und in einer Art Automatik miteinander verkoppelt sind. Ja, man kann sogar sagen, dass diese Gedanken und Gefühle ungefragt kommunizieren, gewissermaßen Selbstgespräche führen und einem die Kontrolle über sich selbst nehmen. Dass dieses sich automatisch vollziehende Verhalten der Gedanken und Gefühle dem Menschen jedoch Kraft nimmt, unterliegt keinem Zweifel. Diesen inneren ziellosen Zustand zu heilen, ist eine Chance, den Alltag loszulassen. Es ist ein Geschenk, auf diese Weise nach innen gehen zu können und so mit seiner Seele in Kontakt zu kommen. Man empfindet mehr Ruhe und Geborgenheit.

Die aktive Meditation hingegen ist die auf ein bewusstes Ziel ausgerichtete Meditation. Die Ziele werden während der Meditation durch Konzentration auf bestimmte Inhalte gesetzt. Zur aktiven Meditation zählen unter anderem die Meditationen, die mit den vier Elementen Licht, Erde, Wasser und Luft arbeiten. Dabei steht Licht – oder auch Sonne – für den Geist in jeder Zelle. Erde steht für die Materie der Zelle. Wasser symbolisiert die gesamte Flüssigkeit im Körper. Luft repräsentiert den Austausch, die Wechselbeziehung der Ebenen im Innen und Außen.

Konzentriert man sich auf Licht, so versucht man aktiv das Licht in jeder Zelle zu erhöhen und damit das Bewusstsein auszudehnen. Die Konzentration auf das Element Erde zu richten, führt dazu, Kraft und Stabilität zu erhöhen. Wasser zu meditieren bedeutet, die Qualität von Wasser – seine reinigende, versorgende, wärmende oder kühlende Kraft – in jede Zelle zu bringen. Das Element Luft schließlich steht für Durchlässigkeit und unterstützt die Beweglichkeit in jeder Zelle.

Aktive Meditation kann sich ebenso den Farben zuwenden. Das Licht des göttlichen Geistes, des Ursprungs, aus dem wir kommen, manifestiert sich zuerst als reines weißes Licht. Es ist das Licht der göttlichen Gegenwart, das die Materie belebt und wie durch einen Kristall gebrochen das Spektrum der Farben entfaltet, das in unserer Aura sichtbar wird. Konzentriert man sich in der Meditation aktiv auf die verschiedenen Farben, erfährt man die ihnen innewohnende Kraft und Intelligenz als Stärkung.

Viele alte Kulturen wussten um die Bedeutung der Farben. Auch in unserem heutigen Leben spielen sie eine große Rolle. Wir finden eine unermesslich große Farbenvielfalt in der Natur, wir kleiden uns farbig, färben unsere Haare und den Körper, auch unsere Lebensmittel sind farbig. Unser Befinden reagiert auf Farben. Wir lassen uns von ihnen berühren und beeinflussen. Farben lassen uns erkennen, dass wir im innersten Wesen Licht sind, aus dem Licht erschaffen, und nichts anderes darstellen als Substanz gewordenes Licht.

Wir haben jedoch oft einen blockierten Zugang zu einigen Farben und damit den Zugang zu unseren eigenen Farben verloren. Oft empfinden wir Abneigung gegenüber einer bestimmten Farbe oder bevorzugen bestimmte andere Farbfrequenzen. Dies kann mit Speicherungen in der Seele zusammenhängen, mit persönlichen, politischen oder religiösen Erfahrungen, die wir in unseren zahlreichen Inkarnationen gemacht haben, in denen Farben eine bestimmte Rolle gespielt haben.

An unserer Aura kann man ablesen, wie sich die göttliche Lichtkraft in unserer Seele ausdrückt – wie sich das Licht durch uns bricht. Je klarer und leuchtender die Farben sind, desto klarer und leuchtender ist die Seele. Trübe, verdunkelte und unreine Farben zeigen Blockaden an. Hier ist das Energieniveau niedriger und die Ausstrahlung gebremst. Entsprechend sind wir an dieser Stelle anfällig für körperliche und seelische Störungen. Wir reagieren unbewusst und haben weniger Kontrolle über die Wirkung der Farbfrequenzen. Entsprechend können wir sie auch nicht für uns nutzen.

Die aktive Meditation der Farben bringt uns wieder in Verbindung mit den ursprünglichen, reinen Frequenzen, die in unserer Seele vorhanden sind. Dadurch ist es möglich, die Erfahrungen, die sich im Laufe der Zeit mit den einzelnen Farben verbunden haben, zu lösen und die Sprache der Farben wieder neu verstehen zu lernen. Die Frequenzen stehen uns vollkommen neutral und in großer Vielfalt und Fülle zur Verfügung. Am besten können wir sie kennen lernen, wenn wir sie in der Stille der Meditation, geöffnet zu unserer Seele in unserem Inneren betrachten.

Die sieben Farben des Regenbogens, der in der Bibel als Zeichen für die Verbundenheit Gottes mit den Menschen beschrieben wird, symbolisieren die Verbindung des Lichtes mit der Materie: Rot, Orange, Gelb, Grün, Blau, Lila und Violett. Der Regenbogen nach dem Gewitter zeigt uns auch, dass diese Farben eigentlich immer in der Erdatmosphäre vorhanden sind. Doch sie sind nicht immer sichtbar, sondern nur zu bestimmten Konstellationen.

ROT

bringt Dynamik und Bewegung in unseren Körper. Im Körper haben wir rote Blutkörperchen, die Sauerstoffträger sind und uns mit Kraft und Energie versorgen. Rot unterstützt die Aktivität, fördert Struktur und Entscheidungskraft. Es verkörpert das männliche Prinzip, das Bewegung unterstützt und uns vorwärts streben lässt, uns zur Umsetzung animiert. Es kann in die Aggressivität führen, in Wut, Zorn und Leidenschaft, kann drängend sein und kriegerisch. Ebenso hat es auch Würde und Autorität. Es hat die Hingabe zur roten Rose, die die Liebe symbolisiert.

In der aktiven Meditation, in der Konzentration auf die Frequenzen der Farbe Rot kann man sich an die kraftspendende, impulsgebende Intelligenz der Farbe „zurückerinnern". Mögliche Problematiken, die an die Farbe geknüpft sind, dürfen ins Bewusstsein rücken und können gelöst werden, damit die positive, göttliche Kraft der Farbe wieder frei in uns schwingen kann.

Wurzelchakra

ORANGE

ist eine wahrhaft strahlende Frequenz von großer Wärme und Lebensfreude. Orange hat immer eine sich drehende Dynamik, weist eine Bewegung auf, die – sich wie in einer Spirale aufwärts oder abwärts bewegend – den Stillstand verhindert. Deswegen unterstützt Orange, Blockaden zu lösen. Durch das ständige Vibrieren und Schwingen von Orange wird die Lebensfreude der Seele erhöht. Orange unterstützt durch das Erhöhen der Frequenz und durch das ständige Fließen das Lösen von direkten Behinderungen in der Seele. Durch das Orange erfahren wir die Qualität der Sonne in uns und damit etwas weit Ausdehnendes, Freigebendes, Strahlendes. Orange vermittelt die Lust an der Bewegung, gleich einer hüpfenden Dynamik mit ständigem Fließen, mit Frische und Wachheit.

Durch die Konzentration in der Meditation auf die Farbe Orange kann man den Funken des Lichtes in sich aufleuchten spüren, der eine tiefe Freude auf den Beginn einer inneren Veränderung hin zu Entwicklung und damit zu mehr Licht mit sich bringt.

Sexualchakra

GELB

unterstützt den Intellekt und hilft auf der mentalen Ebene, konzentriert und flexibel zu sein für die Gedanken. Es unterstützt unseren Forscherdrang und steht daher für Wissen und Wissenschaft, fragt nach dem, was unter der Oberfläche des Sichtbaren liegt. Gelb ist eine Frequenz, die mitteilt, ausstrahlt und durch die Bewegung auch wärmt. Sie unterstützt durch Klarheit die Logik. Gelb ist eine Farbe, die uns anregt, positiv neugierig zu sein, die unser Interesse weckt und Blockaden im Denken löst.

Je höher und leichter das Gelb ist, umso größer ist die Lust, sich mit dem Denken auseinander zu setzen, Freude zu haben beim Denken und Lernen, sowohl für Kinder als auch für Erwachsene. Gelb hilft, Konzentrationsstörungen zu lösen, weil es das schnelle Kombinieren im mentalen System fördert. Das bringt auch eine Leichtigkeit in unser Leben: Sind Verkrampfungen im mentalen Bereich, also im Gehirn, vorhanden, überträgt sich das auf unseren gesamten Körper. Fazit: Entspannung, Leichtigkeit, Heilung durch Gelb für das Gehirn bringt Entspannung im ganzen Körper nach dem chinesischen Prinzip „Wie oben, so unten".

Solar Plexus Chakra (Nabelch.)

GRÜN

unterstützt die Spontaneität und fördert die Intuition. Grün unterstützt jede Art von Hoffnung auf eine neue Ausdehnung. Grün ist eine Farbe, die in der Lage ist, Entzündungen und Fieber aus dem Körper zu ziehen. In der Liebe bietet sie eine Unterstützung für Zuneigung und Zärtlichkeit. Grün unterstützt das Zellwachstum und fördert die Erholung. Durch Grün werden die Regenerationsfähigkeit und die innewohnende Eigenschaft zum Gesundsein aktiviert. Entsprechend bewirkt das Grün eine Beruhigung, einen Ausgleich unseres überanstrengten vegetativen Nervensystems. Grün unterstützt die Kraft, entspannter auf neue Dinge zuzugehen.

Durch die Erinnerung in der Meditation an die Strahlkraft in unserem Inneren helfen die Farbfrequenzen, unsere Stimmung aufzuhellen. Sie fördern eine Neutralität und Gelassenheit und unterstützen den Neubeginn und damit die Hoffnung in uns.

Herzchakra (heller!)

BLAU

gibt Weite, Entspannung, Geborgenheit und bedeutet generelles Heilen. Es beschützt und schenkt selbstbestimmte oder selbstgewünschte Abgrenzung. Es gibt eine zärtliche Ruhe und Stille. Blau unterstützt die Kommunikation durch die Ruhe und gibt Mut, über Dinge zu sprechen, die wir normalerweise nicht offenbaren. Damit lässt es den Menschen schneller seine Zentriertheit und Mitte finden.

Blau fördert uns, Verbindungen herzustellen, unser Bewusstsein zu öffnen, Größeres in Erfahrung zu bringen und gleichzeitig unsere Mitte zu bewahren. Blau schenkt ein tiefes Vertrauen, eine Beruhigung für unsere Seele, und ermöglicht uns, einfacher Konflikte loszulassen.

Dieses Blau hilft auch in der Meditation, Stolz und negativen Egoismus abzubauen, und man erfährt seine heilende Kraft. Jedem Heiler ist es zu wünschen, dass er viele unterschiedliche Blautöne in seiner Aura hat, um seinen Beruf mit viel Leichtigkeit und Hingabe ausfüllen zu können. → Indigo! 3. Auge

Halschakra (türkis / helles Blau)

LILA

ist die Farbe, um Konflikte leichter loslassen zu können, um eine andere Sicht oder einen anderen Standpunkt einnehmen zu können. Lila bringt Erleichterung im Umgang mit der materiellen Ebene, in der wir leben. Es fördert gleichzeitig den Zugang zu höheren Ebenen des Bewusstseins, den Zugang zu Ebenen jenseits unseres Denkens. Es schafft einen Kanal für die Intuition und fördert die Bereitschaft, dieser Botschaft aktiv zu folgen und sie umzusetzen.

Lila kann eine vorübergehende Distanz zu einem Konflikt erzeugen, um ihn aus einer anderen Sicht zu betrachten und Kurzschlusshandlungen zu verhindern. Durch die Konzentration der Meditation auf ein leuchtendes Lila bekommen die höheren Wahrnehmungen einen Platz im konkreten Leben. Das praktische Leben verändert sich. Es wird feiner, durchlässiger und spürbar lichtvoller. Lila fördert durch die Meditation eine größere Tiefe zum Gebet. Es erlaubt mehr Innigkeit zu dem, was die göttliche Liebe in uns ist. Dadurch entsteht Zufriedenheit und Harmonie. Lila ist der Beginn zur höheren Intuition und schafft einen Übergang in die nächste Farbe.

Stirnchakra (Indigo!)

VIOLETT (magenta)

ist die Farbe und Frequenz, die zur Transformation führt. Violett ist eine Farbe der *religio*, der Rückbindung, des Wiedererkennens göttlichen Bewusstseins. Die Frequenz dieser Farbe schließt den Menschen in ihre Arme und hebt ihn zu sich in die Sphären des Lichtes, in einen neuen Lebensraum.

Erlaubt man in der Meditation, sich vom Violett durchdringen zu lassen, kann es einen an den Ursprung des Lichtes zurückführen. Man wird eins mit sich und neuen Welten – ein neues Menschsein kann beginnen.

Das Violett der Pfingstrosen steht als Symbol für das Pfingstfest, den Empfang des Heiligen Geistes, also den Zugang zu göttlichem Wissen oder den Empfang göttlicher Information.

Kronenchakra (violett/weiß)

Die hier beschriebenen sieben Farbfrequenzen existieren in einer Vielzahl von Variationen und Übergängen. Jede einzelne Frequenz kann auf vielfältige Weise wahrgenommen werden. Es gibt die Abstufungen in der Helligkeit und Verbindungen der Farben untereinander.

Wenn man Farben in seine Meditationen integriert und ihre unterstützenden Fähigkeiten kennen lernt, erweitert sich auch das Verständnis für die Farben, die uns umgeben. Untersuchungen haben gezeigt, dass die Farben von Kleidungsstücken Wirkung auf uns ausüben. Wenn wir aus diesem Verständnis heraus Farben aussuchen, wird dies eine Unterstützung für den Alltag und die eigene Entwicklung bringen.

Es gibt keine Vorschriften darüber, was zu tun und zu lassen ist, welche Farben getragen und welche vermieden werden sollen. Eine Empfehlung könnte nur sein, dass ein tiefes Dunkelgrün oder Schwarz bei Depressionen und schweren Krankheiten nicht getragen werden sollte, weil alle dunklen Farben diese Stimmung verstärken würden. Helle und leichte Farben bringen die Seele in ein erhöhtes freudiges Erleben. Alle freudigen, lichtvollen Farben lassen vermuten, dass eine Unterstützung für die eigene Entwicklung günstig ist.

Mir ist wichtig, dass wir Erwachsene darauf achten, dass gerade kleine Kinder bewusst Farben wahrnehmen und damit spielen, weil sich das in ihrer Aura am deutlichsten überträgt. Morgens sollten die Kinder – liebevoll geführt – darin unterstützt werden, ihre Kleidung selbst mit auszusuchen, weil sie einen intuitiven Zugang zu den Farben haben und so selbst wissen, was für eine Farbe sie als Unterstützung für den Tag brauchen.

Wie bei allem Umgang mit den Schwingungen der Farben entscheidet die individuelle Situation, das innere Empfinden des Einzelnen für das, was gut tut.

Worauf es ankommt, ist: sich den Zugang zu den wunderbaren Intelligenzen der Farben, die wir in uns tragen, bewusst zu machen, um das Erkennen ihrer Heilkräfte und das Nutzen dieser Schwingungen in unserem Alltag zu unterstützen.

6

Zentren der Kraft

DIE SIEBEN PERSÖNLICHEN CHAKREN IM MENSCHEN

Meditation ist die Konzentration des Nach-innen-Gehens, bis in die Ebene der Zellen. Sie erhöht die Lichtqualität der Seele. Durch Meditation können wir Blockaden ergründen, unsere Fähigkeiten vergrößern und auf diese Weise Heilung erlangen. Entwicklung bedeutet, dass immer mehr Lichtkräfte fließen dürfen und dadurch die aufgewickelten Speicherungen oder Missverständnisse gelöst werden können. Erlauben wir dieses Fließen in allen Bereichen unseres physischen Körpers, so erkennen wir immer mehr, dass wir Schöpfer unseres eigenen Lebens sind.

Neben der Konzentration auf Farben und Elemente sind es die Lichtzentren im Menschen – die Chakren –, die die Meditationsübungen strukturieren. Die Chakren sind nicht Teil der Seele, sondern des Geistes. Sie sind kugelartige lichtvolle Zentren, die durch ihr Leuchten zeigen, was in der Seele gespeichert ist, welche Erfahrungen – aus Jahrhunderten und Jahrtausenden – wir in uns tragen. Sie sind vom Wachbewusstsein längst vergessen, haben jedoch prägende Kraft und üben so ihren Einfluss auf das Hier und Jetzt aus.

Die sieben Chakren im Körper, die ich in meine Meditationen einbeziehe, sind das Basis-, das Sakral-, das Solarplexus-, das Herz-, das Hals-, das Stirn- und das Scheitel-Chakra. Sie beleuchten jeweils unterschiedliche Aufgaben der Seele.

DAS BASIS-CHAKRA

WURZEL-

Lage des Basis-Chakras

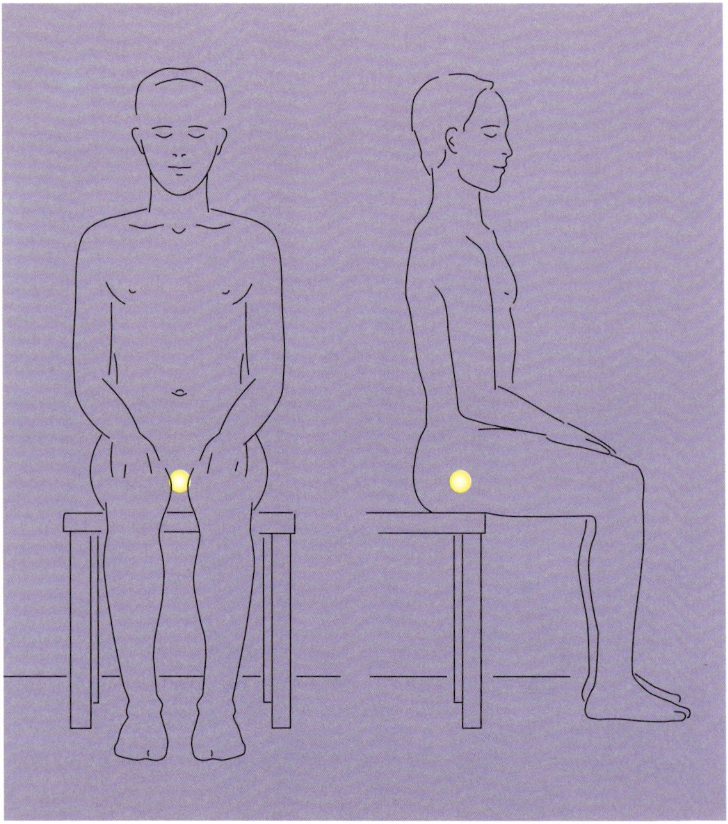

Das Basis-Chakra hat seinen Sitz am unteren Ende der Wirbelsäule, etwa drei Zentimeter über dem Beckenboden. Alles, was in unserem Organismus für Stabilität und Kraft steht, wird dem Basis-Chakra zugeordnet, beispielsweise das Knochensystem, Muskeln, Sehnen, Bänder und Gelenke. Als Drüsen sind die Nebennieren dem Basiszentrum zugeordnet. Das Basis-Chakra schenkt uns Kraft für den Kontakt zur Materie und stabilisiert die Verbindung zum physischen Körper. So werden alle den Körper erhaltenden und pflegenden Dinge wie Essen, Trinken oder Sporttreiben dem Basis-Chakra zugeordnet, ebenso der Instinkt als ein Warnsystem, das durch seine Verbindung mit der Natur der Sicherung unseres Überlebens dient.

Störungen im Bereich des Basis-Chakras äußern sich auf der physischen Ebene in Erkrankungen der Unterleibsorgane, des Darms, der Blase, des Knochen-, Muskel-, und Gelenksystems. Auf der seelischen Ebene stehen sie für mangelndes Vertrauen zu dem, was Erde und Materie ist. Da alles Körperliche dem Basis-Chakra zugeordnet ist, ist um das Chakra herum auch all das gespeichert, was mit dem physischen Tod zu tun hat; mögliche Folgen dieser Speicherungen sind physische und psychische Behinderungen verschiedenster Art, die uns unsere Kraft und Beweglichkeit rauben.

Vergrößern wir durch unsere Konzentration in der Meditation den Raum für das Licht des Basis-Chakras, so kann Heilung geschehen. Im Licht des Basis-Chakras können wir erkennen, dass unser physischer Körper ein Geschenk ist und dass wir die Verantwortung haben, mit diesem Geschenk sorgsam umzugehen. Das Basis-Chakra kann uns zur Mobilisierung ungeahnter Kräfte verhelfen. Je nach Intensität und Licht des Basis-Chakras erhöhen sich Geschwindigkeit und Beweglichkeit der Beine. Das Basis-Chakra verleiht uns Urvertrauen zur Erde, Kraft, Standhaftigkeit und Durchsetzungsvermögen.

DAS SAKRAL-CHAKRA

SEXUAL - CHAKRA

Drei bis fünf Zentimeter über dem Basis-Chakra befindet sich das Sakral-Chakra. Ihm werden die Keimdrüsen und die Geschlechtsorgane zugeordnet, sowie alles Fließende und besonders die Schleimhäute in dieser Region. Das Sakral-Chakra schenkt uns Kraft für die Erfahrung der Polarität, der Gegensätze, die wir in unserem körperlichen Leben vorfinden. Während das Basis-Chakra dem Dasein im äußeren, physischen Körper zugeordnet ist, geht es jetzt um die Dynamik im Inneren, um Austausch und um die Erfahrung von Ich und Du. Das Erleben der Sexualität und alles, was damit in Zusammenhang steht, gehört in den Bereich dieses Kraftzentrums: Liebe, Wärme, Nähe, Zärtlichkeit, Erotik und das Empfinden für Geborgenheit, ebenso das Zeugen, Schwangerschaft und Geburt.

ICH & DU

Das Sakral-Chakra verleiht uns Energie für die Begegnung zwischen dem Ich und dem Du, zwischen dem Männlichen und dem Weiblichen. Die Seele besteht aus einer absoluten Neutralität im Plus und Minus und hat nicht nur zu tun mit Mann oder Frau. Von der Qualität der Seele her betrachtet, kommt es bei der Begegnung nicht darauf an, ob eine Liebe zwischen Mann

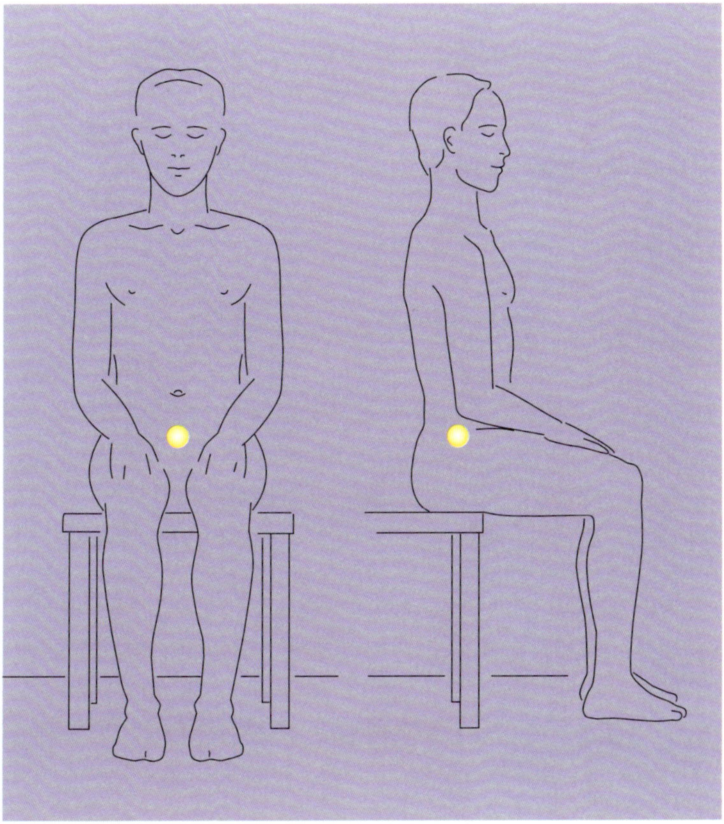

Lage des Sakral-Chakras

und Frau oder zwischen zwei gleichgeschlechtlichen Menschen fließt. Der Impuls und die Anziehungskraft finden auf der Seelenebene statt. Entscheidend sind Qualität und Intensität der Liebe. In einer liebevollen Haltung von Geben und Nehmen können die männliche und die weibliche Energie zusammenfließen. Aus der Dualität des Männlichen und des Weiblichen entspringt eine dritte Kraft. Sakral heißt heilig, und das Einssein in der Liebe schenkt uns eine Erinnerung an das schöpferische Bewusstsein. Im Orgasmus, im Zusammenfließen des Männlichen und des Weiblichen, entsteht eine ganzheitliche, heilige Energie, in der wir Gott nahe sind.

Unsere Gefühle sind vom Ursprung her frei und fließend. Sie haben Leichtigkeit und können sehr schell die Frequenzen wechseln.

Um das Sakral-Chakra können insbesondere Erlebnisse von Missbrauch und Brutalität gespeichert sein. Hier fühlen oder empfinden wir den Schmerz, nicht geliebt zu werden, sowie alle Formen von Abhängigkeiten und Zwängen, von Zugeständnissen, die aus Verlustangst eingegangen werden und Bestrafungen, die mit Treue, Untreue oder Ehebruch zu tun haben. Durch solche gespeicherten Erfahrungen im Bereich des Sakral-Chakras können unsere Gefühle ihre Leichtigkeit verlieren, schwer und belastend werden – mit der Folge, dass wir sie entweder dramatisieren, ins Extrem steigern, festhalten, oder auch vollkommen verdrängen müssen. Blockaden im Bereich des Sakral-Chakras äußern sich auf der physischen Ebene u.a. durch Erkrankungen der Unterleibs- und Sexualorgane sowie durch Stauungen der Lymphe und Störungen der Funktion der Schleimhäute.

Um Heilung zu erlangen, um wieder eine positive Lust am Körper und Vertrauen zum Spiel unserer Gefühle zu entwickeln und um die Schönheit von Liebe und Sexualität wieder neu zu entdecken, können wir auch im Sakral-Chakra durch unsere

Konzentration in der Meditation den Raum für das Licht dieses Chakras vergrößern. Dies verhilft der ganzheitlichen Energie dazu, wieder ungestört zu fließen, und über unser Hormonsystem werden anstelle der Informationen, die durch die gespeicherten Energien vermittelt werden, Lichtinformationen in unseren Körper gelangen. Glücklicherweise ist das Sehnen nach Liebe des Menschen durchdringender als die potenziell gespeicherten negativen Dinge.

DAS SOLARPLEXUS-CHAKRA

Das dritte Chakra liegt vor der Wirbelsäule in Höhe des zehnten bis zwölften Brustwirbels und beleuchtet die Organe des mittleren Raumes: Magen, Gallenblase, Milz, Leber, Nieren und Darm. Die zugehörige Drüse ist die Bauchspeicheldrüse. Von dort aus werden die Verdauung und der gesamte Stoffwechsel gesteuert. Solarplexus heißt Sonnengeflecht: So wie die Sonne für die Erde der Mittelpunkt des planetaren Systems ist und von ihr Licht empfängt, so ist das Solarplexus-Chakra unser Mittelpunkt, über den unsere Seele mit unserem Umfeld kommuniziert. Der Solarplexus ist unser Tor zur Welt. So wie unser Verdauungssystem ein eigenes inneres Funktionieren hat und – wenn es in Ruhe arbeiten darf – das Aufnehmen, Zerlegen und Ausscheiden der Nahrung in einer großen Eindeutigkeit vollzieht, so schenkt die Lichtkraft des Solarplexus-Chakras uns die Klarheit, die wir brauchen, um im Kontakt mit unserem Bewusstsein auch die Welt, in der wir leben, zu „verstoffwechseln“: sie so für uns zu sortieren, dass wir darin leben können, ohne uns zu verleugnen. Der Solarplexus ist das Zentrum unserer körperlichen Mitte. Die

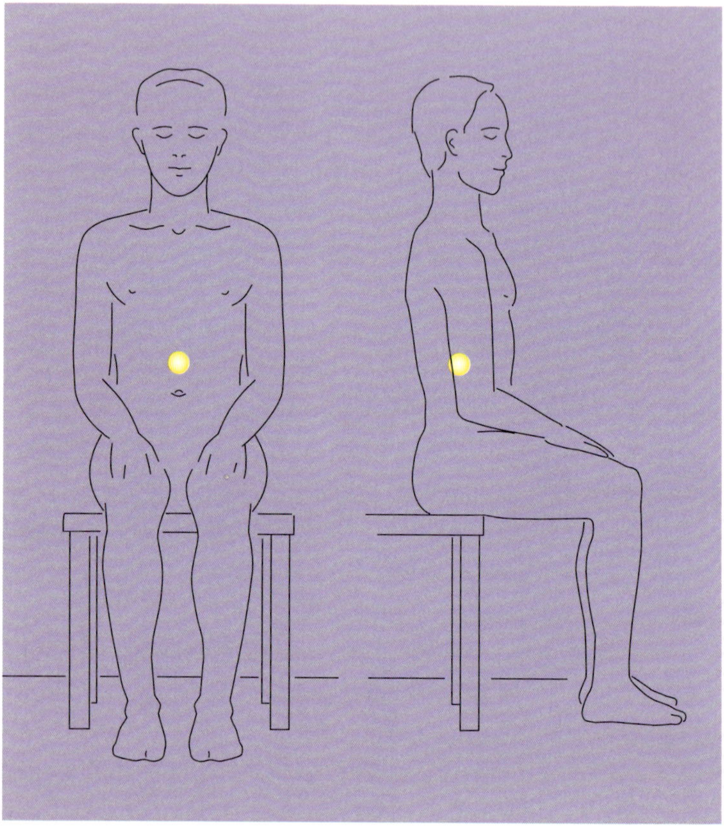

Lage des Solarplexus-Chakras

Hauptnervengeflechte greifen hier auch in das Lungen-, Herz- und Kreislaufsystem ein. Das Zwerchfell ist hier der wichtigste Muskel, um einen gesunden Atem zu gewährleisten. Im Besonderen ist der Atemrhythmus vom Solarplexus bewusst steuerbar. Sollte der Solarplexus durch plötzliche oder permanente Einflüsse von Außen oder durch innere Konflikte verkrampft sein, würde der Atemrhythmus gestört werden. Neben der Kraft, da zu sein in der physischen Existenz, und der Kraft, uns auszutauschen, in Kontakt zu treten mit unserer Umwelt, schenkt das Solarplexus-Chakra uns nun die Kraft, zu entscheiden, uns selbst zu bestimmen und positiv auf unsere Umwelt zu antworten.

Blockaden im Bereich dieses Energiezentrums liegen oft im Bereich unserer Gedanken und Weltanschauungen. Hier geht es um Tradition, Moral oder Erziehung – Bereiche, in denen wir gelernt haben, unser inneres Wissen zu verleugnen und uns der herrschenden Meinung unterzuordnen. Dadurch können wir den Zugang verlieren zum inneren Wissen der Seele über das, was uns gut tut; wir werden anfällig für Fremdbestimmungen, die uns Kraft und Lebensenergie kosten können.

Also gilt es, zu uns selbst eine liebevolle Haltung einzunehmen, uns treu zu bleiben und unserem eigenen Wissen und Gewissen zu folgen. Es ist wichtig, nichts zu tun, was uns oder anderen Unrecht oder Schmerz zufügt. Wir sind es, die bestimmen, wie wir mit den Dingen des täglichen Lebens, unserem eigenen Körper, den Gefühlen und Gedanken, die wir haben, und dem, was durch andere Menschen und Situationen auf uns zukommt, umgehen wollen.

Die Fähigkeit und Kraft zu dieser Selbstbestimmung verleiht uns das Solarplexus-Chakra. Die Hinwendung zu dieser Lichtkraft in uns und das Aufnehmen derselben in der Meditation kann uns das Vertrauen schenken, dass ein in dieser Weise selbstbestimmtes Leben möglich ist.

In Höhe des dritten bis vierten Brustwirbels befindet sich das Herz-Chakra. Als viertes Chakra von unten und von oben ist es Mittelpunkt unseres Körpers. Ihm wird die Thymusdrüse zugeordnet, die eine entscheidende Rolle im Immunsystem spielt und die das Wachstum regelt. Zum Herz-Chakra gehört der obere Körperraum mit den Organen Herz und Lunge.

Unser Herz-Chakra ist der Tempel der Liebe. Nirgendwo spüren wir Verletzungen so stark wie im Bereich des Herz-Chakras. Dort sind Vertrauensbrüche gespeichert, nicht eingehaltene Versprechungen, Verrat, Verlassenwerden, alles, was mit enttäuschter Liebe zu tun hat. Wenn wir aus einer Verletzung heraus auf Rache sinnen, erschaffen wir neue negative Gedanken und Gefühle.

Das Gleiche passiert, wenn wir uns in die Enge getrieben fühlen und auf andere losgehen, um von uns selbst abzulenken oder uns zu wehren. Wenn wir hingegen einem Menschen, der uns ein Leid zugefügt hat, verzeihen, wenn wir ihm vergeben, dann lösen wir Bindungen und ungute Verstrickungen. Die Liebe und nur die Liebe ist dazu in der Lage.

An dieser Stelle ist es wichtig, zu unterscheiden zwischen unserem persönlich gefärbten Verstehen von Liebe und dem Betrachten der Liebe aus dem Herz-Chakra, das eine reine, absolut freie, bedingungslose Kraft ist.

Die Erfahrung der göttlichen Liebe führt uns über den Horizont des menschlichen Denkens und Begreifens hinaus. Sie führt uns in ein tiefes inneres Empfinden für Gnade, Vergebung und Toleranz. Die Liebe, die uns, gebündelt in unserem Herz-Chakra, aus dem göttlichen Ursprung in unser Dasein als Mensch begleitet, verleiht uns eine neue Basis von Weite und Gelassenheit für unser Leben in und mit diesem physischen Körper.

Probleme im Verständnis der Liebe können zu Herzrhythmusstörungen sowie zu Regulationsstörungen des Blutdrucks führen. Bluthochdruck ist ein Zeichen dafür, dass wir zu sehr unter Druck stehen, während zu niedriger Blutdruck anzeigt, dass uns Kraft und Motivation fehlen oder dass wir etwas in uns unterdrücken, zum Beispiel Emotionen oder auch Bedürfnisse wie Freude oder Lust.

Auch die Erkrankungen des Herzens und der Herzkranzgefäße zeigen Störungen oder Verletzungen im Zusammenhang mit dem Thema Liebe an, sowie sämtliche Störungen des Immunsystems, auch die Autoimmunerkrankungen. Hier geht es oft um die Erlaubnis, sich selbst zu lieben. Krankheiten sind oft Altlasten aus anderen Leben, und es ist notwendig, diese Altlasten zu durchdringen. So kann der damit verbundene Schmerz verarbeitet und die Freude wieder neu gelebt werden. Große Lösungsprozesse im Bereich des Herz-Chakras gehen oft mit Fieber, Entzündungen und Lymphproblemen einher.

In der Meditation können wir uns auf das Herz-Chakra konzentrieren, uns für die Kraft der Liebe öffnen und so Unterstützung erfahren für ein Loslassen, ein Verändern der Verhaltensweisen, die aus altem Schmerz resultieren. Die Liebe ist der große Tröster und Heiler in uns. Alte Verletzungen werden nicht

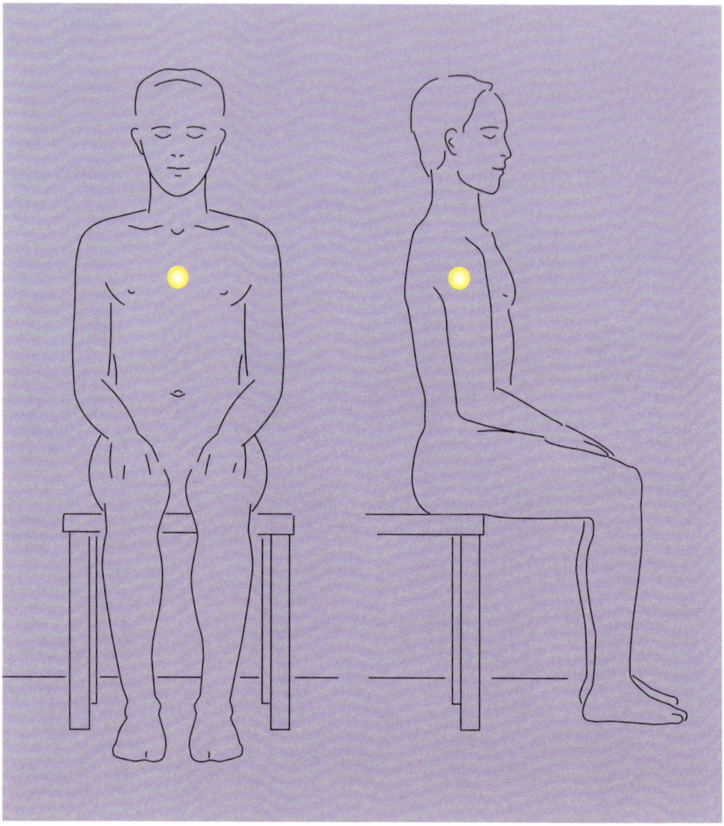

Lage des Herz-Chakras

durch Wiedergutmachung von außen geheilt, nicht dadurch, dass wir sie verdrängen oder fortwährend mit uns herumtragen und an ihnen leiden, sondern dadurch, dass wir bereit sind, die Liebe, den Trost und die Vergebung zuerst in uns zu empfangen und dann nach außen weiterzugeben. Das heißt, wir dürfen vor allem lernen, uns selbst zu lieben.

DAS HALS-CHAKRA

Das fünfte Chakra hat seinen Sitz vor der Wirbelsäule in Höhe des sechsten bis siebten Halswirbels, die dazugehörige Drüse ist die Schilddrüse. Das Hals-Chakra schenkt uns Kraft für unseren Ausdruck. Ihm zugeordnet sind alle Organe, die das Sprechen

Lage des Hals-Chakras

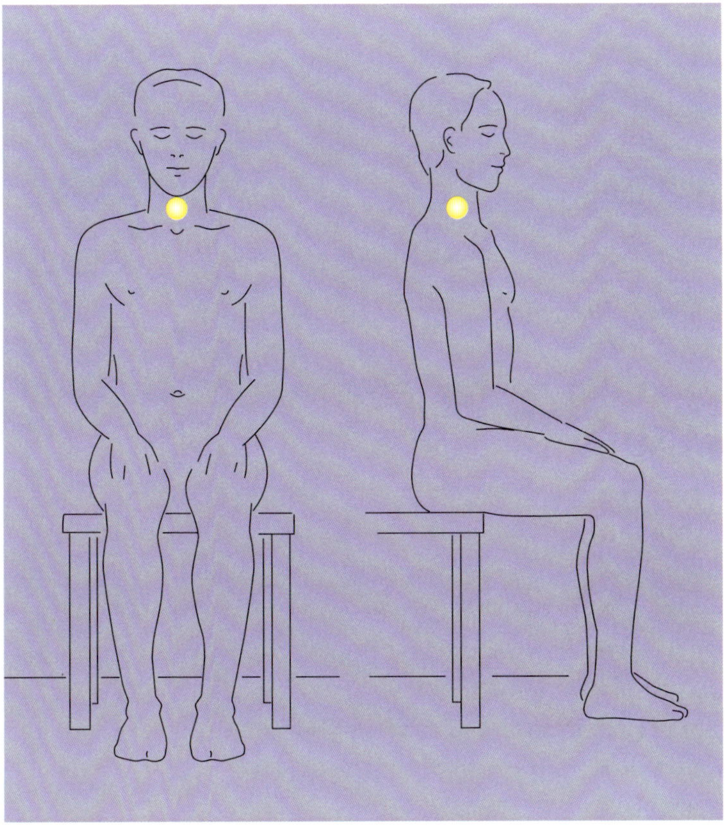

begleiten: der Kehlkopf mit den Stimmbändern, Mund, Zunge, Kiefergelenke, Zähne und die lymphatischen Organe des Rachenraums, das Hörorgan sowie Schultern, Arme und Hände. Unsere Fähigkeit, uns auszudrücken umfasst Sprache und Körpersprache. Zum Ausdruck gehört, wie wir Dinge handhaben oder koordinieren, in welcher Laune, Stimmung oder Verfassung wir mit unserer Umwelt in Kontakt treten. Das Hals-Chakra ist ein Zentrum der äußeren und inneren Kommunikation und fördert die Umsetzung unserer Gefühle und Gedanken in Ausdruck und Handeln.

So verleiht uns die Sprache die Fähigkeit kundzutun, was wir denken und wie wir uns innerlich fühlen. Dabei ist es eine Kunst, die Worte so zu wählen, dass sie in der Seele des Anderen auch so ankommen, wie sie gemeint sind. Das Wort trägt die Schwingung der Seele. Auch die Künste wie Malerei oder Musik sind eine Art des Ausdrucks. Sie setzen dort ein, wo die Sprache nicht reicht und können auf andere Weise die Frequenzen des Göttlichen aufnehmen und uns vermitteln. So kann die Seele unmittelbar – ohne Worte – erreicht werden.

Unser Hals-Chakra ist ein äußerst sensibles Zentrum. Wir haben oft Situationen erlebt, in denen wir den Körper verloren haben, und viele dieser Erfahrungen sind um das Hals-Chakra herum gespeichert, z. B. Ersticken, Ertrinken, Vergiftet-, Hingerichtet- oder Erwürgtwerden. Mit dem Verlust des Körpers geht die Möglichkeit des physischen Ausdrucks verloren. Folgen dieser Störungen können Ängstlichkeiten, Schüchternheit, Hemmungen, Stummheit und Stottern sein. Das, was gesagt werden will, wird heruntergeschluckt aus Angst vor erneuter Strafe. Das kann so weit gehen, dass man sich nicht traut, für sich selbst einzutreten, wenn einem Unrecht widerfährt. Das andere Extrem sind cholerische Ausbrüche, nicht zuhören können, jemanden verbal erschlagen, unbedingt Recht haben müssen. Beides erzeugt Druck im Körper. Dementsprechend kann uns sowohl Ausgesprochenes als auch Unausgesprochenes belasten und behindern.

Ebenso können Verbote zu einer Behinderung des Ausdrucks führen, so wie auch alle Verletzungen im Bereich des Herz-Chakras oder Minderwertigkeitskomplexe und Störungen des Selbstwertes mögliche Ursachen für solche Blockaden sind. Der Hals wird uns eng, und wir bringen die Worte nicht mehr heraus.

Ein frei fließender Ausdruck braucht als Grundlage eine Ausgeglichenheit aller Systeme, einen gut funktionierenden Stoffwechsel in einem gesunden Körper. Außerdem brauchen wir eine Freiheit im Gefühl, eine Klarheit in der Entscheidung für uns selbst und für das, was uns gut tut, und einen Zugang zur Liebe in uns. Dann entsteht Freude am Leben, innere Wärme und Lust am Ausdruck. Das Schwingen der Seele kann sich in den Zellen des Körpers ausbreiten und sich durch die vielfältigen Möglichkeiten des menschlichen Körpers ausdrücken.

Kommunikation heißt Verbindung. Das Licht der Seele kommuniziert mit unseren Zellen. Es gibt sich weiter von Zelle zu Zelle, es schafft Verbindung unter den Zellen. Es fließt über unsere Körpergrenzen hinaus, es kommuniziert durch unseren Körper und schafft Verbindung mit unserer Umwelt. Es stellt eine Verbundenheit her, ein Bewusstsein, dass wir Teil eines großen Ganzen sind.

Das sechste Chakra sitzt genau in der Mitte des Kopfes. Es erfasst insbesondere das Stammhirn, das Kleinhirn und den Hypothalamus, zu dem auch die Hypophyse gehört, die alle anderen Drüsen überwacht und damit das gesamte hormonelle System beeinflusst.

Das Stirn-Chakra stellt Kraft zur Verfügung für unser Denken, unser Sehen und Hören. Durch das Stirn-Chakra erkennen wir einerseits die Dimensionen der Materie. Hier übernimmt es die Aufgabe, alles einzuordnen und zu verifizieren, was es in der polaren Welt gibt – sowohl linear als auch assoziativ. Andererseits öffnet uns das Stirn-Chakra den Zugang zur Intuition, dem Wahrnehmen und Betrachten dessen, was die Weisheit der Seele uns zeigt. Hier liegt der Prozess des Digitalen Zugangs.

Das Stirn-Chakra schenkt uns die Fähigkeit, das gesamte Spektrum der leuchtenden Farben in uns zu entdecken. Alle fünf Sinne sind in diesem Zentrum vorhanden, und während der Meditation können sich spontan Zugänge zu Hellsichtigkeit, Hellhören, Hellriechen, Hellfühlen und Hellwahrnehmen öffnen und auch wieder schließen. Diese Fähigkeiten erlauben uns, über die Begrenzung der menschlichen Sinnesorgane hinaus wahrzunehmen und zu empfinden, über die Grenzen des menschlichen Denkens hinaus zu erkennen und in die Gegenwart, Vergangenheit und Zukunft zu schauen. Dies ist ein langsamer Prozess, den wir als Nebeneffekt unserer Entwicklung wahrnehmen, ohne dass wir in eine persönliche Arroganz geraten. Die Ethik und die Würde unserer Haltung bleiben bewahrt. Die Kraft des Lichtes im Stirn-Chakra erlaubt uns wahrzunehmen, wie unsere Vergangenheit strukturiert war,

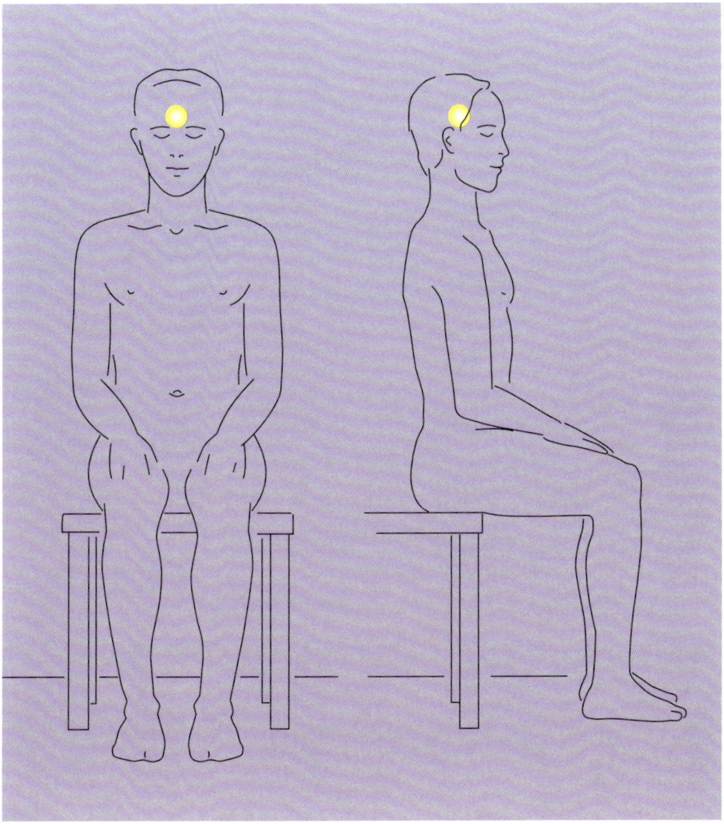

Lage des Stirn-Chakras

inwiefern sie uns heute noch bestimmt und dadurch unsere Zukunft erschafft.

Blockaden äußern sich hier vor allem als Irritationen oder Störungen im Bereich des denkenden Bewusstseins. Gespeicherte Missverständnisse können zu intellektueller Überheblichkeit,

Ignoranz, Engstirnigkeit, Rechthaberei oder Manipulation führen. Durch eine einseitige Haltung und ein nicht genügend schnelles Loslassen-Können erzeugen wir eine Enge, die sich in den Drüsen, Nervenzellen und in der Durchblutung des Gehirns manifestiert. Stress unterstützt dort entsprechende Erkrankungen, z. B. Behinderungen im Koordinationsablauf der Drüsen, Funktionsstörungen der Hypophyse, Erkrankungen in allen Bereichen des zentralen Nervensystems und der Sinnesorgane.

In der Meditation öffnen sich die um das Stirn-Chakra herum gespeicherten Erinnerungsfelder, die sich als Blockaden herausstellen, und öffnen uns den Weg zu einem neuen Verständnis unseres Menschseins. Über das Stirn-Chakra bekommen wir Zugang zum inneren Wissen der Seele. Hier hören wir die Stimme der Weisheit des Lichtes und öffnen uns für immer neue Erkenntnisse, die uns die Freiheit schenken, uns aus den gespeicherten Mustern zu lösen. Das Stirn-Chakra gibt uns die Kraft, loszulassen, unsere Haltungen zu verändern, um neue Erfahrungen zu machen, und so Freude zu erfahren.

DAS SCHEITEL-CHAKRA

Das siebte Chakra hat seinen Sitz direkt unter der Schädeldecke. Als Drüse ist ihm die Epiphyse, auch Zirbeldrüse genannt, zugeordnet. Die Epiphyse hat eine direkte energetische Verbindung zur Hypophyse und damit auch zum wissenden Zentrum in der Mitte des Schädels, auch Drittes Auge genannt.

Im Scheitel-Chakra fließt reine Spiritualität, es verleiht uns die Fähigkeit, uns oder etwas anderes aus einer höheren Perspektive zu betrachten. Außerdem können wir durch den Kanal des Göttlichen unsere Kreativität entfalten. Es entspricht einem Relais zum System unseres physischen Körpers. Es bewirkt, dass wir von unserer Seele her immer wissen, dass wir ein Mensch sind und vom Menschlichen her immer wissen können, dass wir verbunden sind mit dem göttlichen Licht.

Wenn der Körper stabil und unser Denken geöffnet ist für das Erkennen und Aufnehmen der spirituellen Energie, kann der Mensch seine Kraft voll entfalten. Bringen wir unser menschliches System in der Meditation zur Öffnung, so bekommen wir wieder Zugang zu unserem Ursprung aus dem göttlichen Licht. Die reine Spiritualität, die wir im Scheitel-Chakra empfangen, kann niemals verletzt werden, sie ist unzerstörbar und ewig – wie die Uressenz der Seele. Der Zugang zur Spiritualität ermöglicht Heilung für all die verletzten Anteile unserer Persönlichkeit, Heilung für unseren physischen Körper, in dem sie sich manifestieren.

Ohne den Zugang zur Spiritualität, zur göttlichen Quelle in uns, wäre Leben nicht möglich. Verliert das Chakra seine Anbindung und seinen Sitz im Kopf, z.B. durch einen Unfall, stirbt der Mensch. Heilung ist das Wiederherstellen der Ganzheit, der Einheit von Gott und Mensch, von Spiritualität und Materie. So empfangen wir über das Scheitel-Chakra göttliche Frequenzen, die wir Spiritualität nennen. Die Spiritualität ist absolut neutral und stellt sich der Natur, dem Menschen, vollkommen zur Verfügung, so dass der Ausdruck „Dein Wille geschehe“ in Erfüllung geht.

Die Meditation wird geführt von den Füßen bis zum Kopf. Die Energierichtung beschreibt den Aufbau von unten nach oben, so

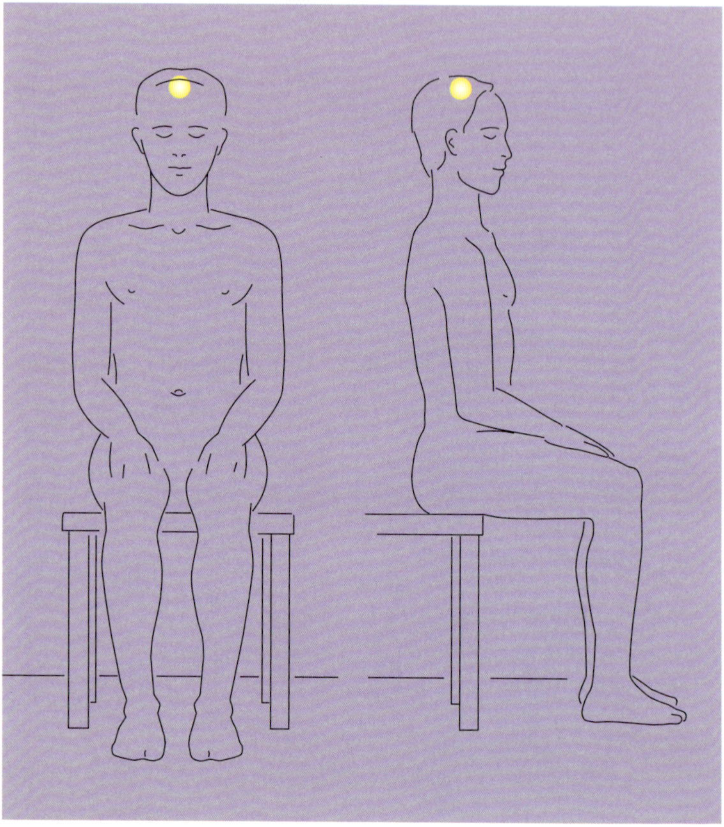

Lage des Scheitel-Chakras

dass eine größere Ausgeglichenheit zwischen allen gespeicherten Erlebnissen, die Freigabe des Lichtes und damit eine gleichmäßige Dynamik erreicht wird. Nur so wird das Gleichgewicht zu allen Chakren erschaffen und die Balance der fließenden schöpferischen Kraft stabilisiert. So werden Störungen verhindert, indem sich die Lichtkanäle untereinander gegenseitig bereichern und sich zu einem wunderbaren Netz des Bewusstseins ausdehnen.

Die Farben des Lichtes erstellen sich über die Seele. Die Chakren als kugelförmige lichtvolle Zentren haben immer dasselbe weiße Licht. Alle anderen Farben werden durch die Intensität der Seele reflektiert.

Lage aller Chakren im Körper

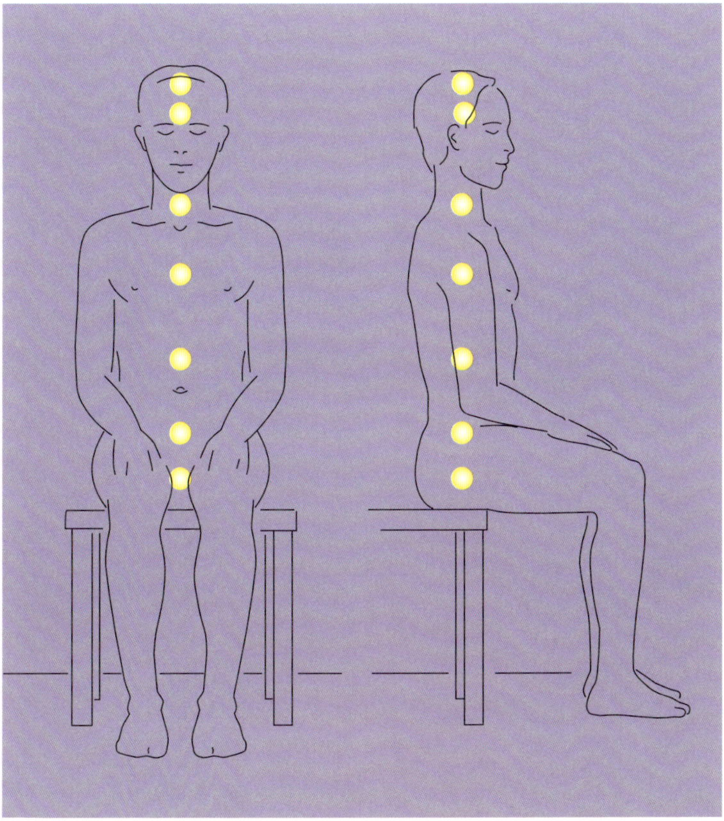

7

Was ist Wahrheit?

EIN WEG, DEN JEDER GEHEN KANN

Heilung bedeutet, dass Seele, Körper und Geist im Licht des Göttlichen schwingen und das Trennende aufgehoben ist. Der Weg zur Heilung vollzieht sich im physischen Körper, in der Zunahme von Lichtbewusstsein. Es ist ein Weg der Liebe und der Freude am menschlichen Dasein. Es ist ein Weg, der mein Bewusstsein, meine Haltungen verändert hat. Ein Weg, der mir den Zugang eröffnete zur inneren Kraft der Seele, der mich besser verstehen ließ, was und wer wir sind als Menschen und wie viel Potenzial im Zusammenspiel zwischen Körper und Seele existiert, das vielfach noch ungenutzt bleibt.

Was hat uns die Klarheit genommen über den Ursprung von Geist und Seele? Woran liegt es, dass man nicht mehr klar sieht, dass so vieles verworren ist? Da der Ursprung des Menschen Geist und Seele ist, sollten wir zu diesem zurückfinden, und der Kern darf wieder freigelegt werden, frei werden von Verwicklungen, von gelebten und erlebten Geschehnissen, die nicht verarbeitet, sondern von Missverständnissen überlagert sind. Genau in diesen Missverständnissen liegt der Grund dafür, dass wir zu unbewusst sind und nicht mehr klar sehen. Es sind die schmerzhaften Erlebnisse: Trauer und Enttäuschung, Ohnmacht und Hilflosigkeit, die uns behindern. Sie behindern den Fluss unserer ursprünglichen Kraft.

Der Weg zur inneren Klarheit ist ein Weg der Begegnungen mit Empfindungen, Erlebnissen und Erfahrungen in uns – die gut sind und dennoch schmerzhaft sein können. Aus der Neigung, eine (Wieder-)Begegnung mit Verletzungen zu vermeiden, uns davor zu schützen, „wunde Punkte“ zu berühren, finden wir Auswege, indem wir uns verschließen und davon trennen. Doch die Wahrheit, um die es geht, ist nicht eine „objektive“, sondern die Wahrheit, die wir selbst erfahren.

So habe ich lange Jahre auf die immer wiederkehrenden Fragen nach meinen Eltern und meiner Herkunft mit einer Notlüge geantwortet: „Ich habe keine Eltern mehr, meine Eltern sind tot.“ In den ersten Jahren entsprach dies auch meiner Vermutung und meinem Kenntnisstand. Nachdem ich später erfahren musste, dass meine Mutter doch lebt, war mein Schmerz darüber, allein gelassen und zurückgelassen worden zu sein, ein noch viel größerer Schmerz, der mich mit Wut, Trauer, Hilflosigkeit und Einsamkeit zurückließ, denn man wollte mich ja nicht. Während meines Älterwerdens wurde mir dies immer bewusster, und durch meine größer werdende Sensibilität nahmen mein Schmerzempfinden und meine Scham gegenüber anderen immer mehr zu. Es schien so zu sein, dass die anderen mich mit ihren Fragen automatisch in Erklärungsnot brachten.

So war es dann eine Antwort, die sicherstellte, dass das Thema sehr schnell beendet werden konnte; eine Antwort, die mir ersparte, immer wieder den Schmerz und die Scham zu spüren, die mich lange Zeit mit meiner Kindheit verband. Es war jedoch zugleich die Antwort, die für mich eine tiefe Wahrheit besaß. Ich wollte nicht über meine Eltern sprechen, mit denen ich nicht leben durfte, die mich nicht wollten und über deren Lebenswege, Motive und Entscheidungen mir daher keine Aussagen möglich waren. Es war die einzige Antwort, die jedes weitere Bohren und Nachfragen verhinderte, und die mir erlaubte, nicht über das Entsetzen meiner Kindheit und Jugend sprechen zu müssen und meine Eltern mit ihrem Verhalten vor anderen in Misskredit bringen zu müssen – was mir nicht zustand.

Doch die Not meiner frühen Jahre war zugleich mein Glück. Über das Herz, durch das Gebet, habe ich die Liebe der Seele gefunden: Eine Liebe, die bedingungslos in jedem Menschen vorhanden ist. Heilung bedeutet, die spirituelle Liebe im Herzen zu vergrößern – durch die Konzentration auf die göttliche Liebe, die Anteil an der Seele hat.

Die Liebe ist der große Tröster und Heiler in uns. Alte Verletzungen werden nicht durch Wiedergutmachung von außen geheilt, nicht dadurch, dass wir sie verdrängen oder fortwährend mit uns herumtragen und an ihnen leiden, sondern dadurch, dass wir bereit sind, die Liebe, den Trost und die Vergebung zuerst in uns zu empfangen und dann nach außen weiterzugeben. Das heißt, wir dürfen vor allem lernen, uns selbst zu lieben. Die Kraft und das Wissen darüber sind jedem von uns zugänglich.

Es ist für mich heute eine wunderbare Erfahrung, Menschen, die in eine fundamentale Not gelangt sind, ein positives Gehör und Mitempfinden schenken zu können – sie in meinem Mitempfinden zu verstehen und mit Ihnen zu empfinden, anstatt zu verurteilen. Diese Liebe schenkt Heilung und Vergebung. Und so war es auch gemeint: „Wer unter euch ohne Sünde ist, der werfe den ersten Stein“. Jeder darf die Heilung vornehmen für sich und andere – anstatt dass sich alle gegenseitig Vorwürfe machen. Jetzt weiß ich, dass ich mir selbst meine Liebe schenken musste, um mir selbst zu vergeben und mich nicht zu verurteilen oder zu schämen, dass ich ohne Eltern aufgewachsen bin.

Erinnern möchte ich an die alte antike Weisheit, die für mich Wahrheit und Erfahrung wurde: „Suchst du Gott draußen, wirst du ihn niemals finden, suchst du Gott in dir, findest du ihn drinnen und draußen.“

Über die Autorin

Yashi Kunz wurde 1946 geboren, ist verheiratet und hat zwei erwachsene Kinder. Die Autorin arbeitet seit 1978 als Heilpraktikerin mit eigener Praxis in Berlin. Ihre über Jahrzehnte angeeigneten Erfahrungen haben zu einem Verständnis von Heilung geführt, das auf einem Zusammenwirken von Körper, Geist und Seele des Patienten basiert. Es ist bei ganzheitlichen Heilmethoden von entscheidender Bedeutung, dass der Patient aktiv mitarbeitet und so durch die Freisetzung seiner Selbstheilungskräfte die Heilung beschleunigt.

Menschen sehnen sich nach einer unkomplizierten Leichtigkeit, Zufriedenheit und Fröhlichkeit. Wahrgenommene Ausgrenzung, Bewertung und Konkurrenzdruck führen zu einem zunehmenden Rückzug vieler Menschen in eine Einsamkeit und Enge, die die Minderwertigkeitsgefühle noch verstärkt. Diese Erfahrung hat Yashi Kunz selbst gemacht und für sich einen Weg herausgefunden, den sie hier in diesem Buch skizziert.

Über den Herausgeber

Das Zentrum für Digitales Bewusstsein wurde 2006 gegründet, um die Bündelung und Weitergabe von Wissen zu ermöglichen. Als zentrale Anlaufstelle wird das Zentrum Publikationen und Seminare anbieten zu den Themen Heilung, Meditation und Entwicklung auf den Ebenen Körper, Seele und Geist. Fortbildungsangebote für heilende Berufe ermöglichen interessierten Kollegen, Einblicke in die Anwendung von unterstützenden Heilungstechniken zu erhalten. (Weitere Informationen unter www.digitales-bewusstsein.de)

Information zur beiliegenden CD

Diesem Buch ist eine Audio-CD mit einer geführten Grundmeditation zum Üben beigefügt. Die von Yashi Kunz entwickelte und gesprochene Meditation konzentriert sich auf das Element Licht. Wir weisen darauf hin, dass diese CD und die Meditation keine medizinische Diagnose und Behandlung ersetzen.

Die Meditation beginnt immer mit einer Konzentration auf die Füße, Fußgelenke, Waden und Schienbeine und führt von unten nach oben durch den Körper. Die einzelnen Körperregionen oder Räume, die in der Übung angesprochen werden, sind:

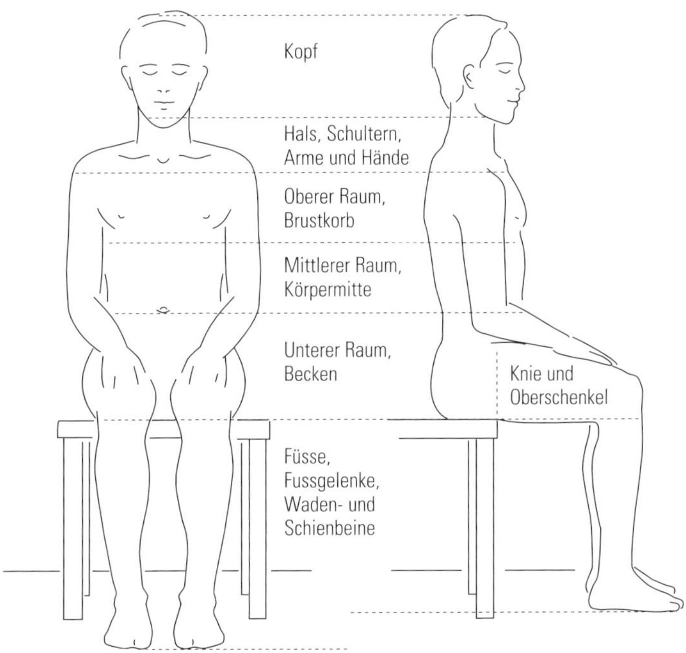

Um einen guten Fluss der Energien zu gewährleisten, sollte die Meditation im Sitzen auf einem Stuhl oder Hocker durchgeführt werden. Dabei ist Ihr Rücken gerade aufgerichtet, die Füße stehen fest am Boden, und Ihre Handflächen liegen locker auf den Oberschenkeln. Wenn Ihnen dies nicht möglich ist, können Sie die Meditation auch im Liegen durchführen. Wählen Sie einen Ort, an dem Sie für dreißig Minuten ungestört entspannen können, und lassen Sie Ihren Atem frei fließen.
Nach der Meditation schließen wir energetisch den Solarplexus, um das großartige Gefühl der Mitte länger zu bewahren.

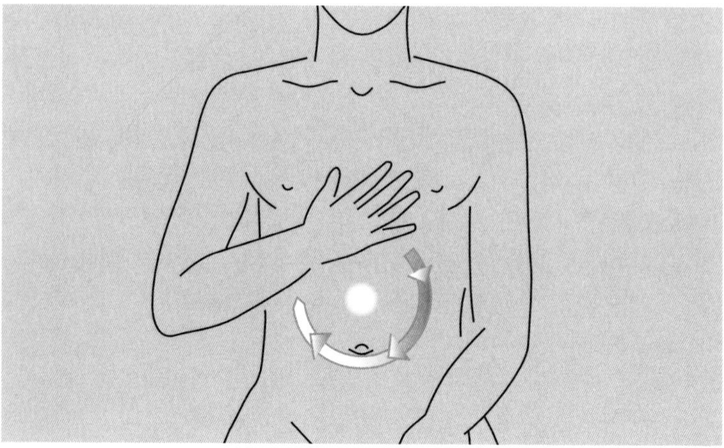

Schließen des Solarplexus nach der Meditation

Wir wünschen Ihnen eine schöne Meditationserfahrung mit dieser CD. Weitere Meditations-CDs mit anderen Schwerpunkten sind erhältlich.